L'ABBÉ DE MABLY

MORALISTE ET POLITIQUE

ÉTUDE SUR LA DOCTRINE MORALE DU JACOBINISME PURITAIN

ET SUR LE DÉVELOPPEMENT

DE L'ESPRIT RÉPUBLICAIN AU XVIIIᵉ SIÈCLE

PAR

M. W. GUERRIER

PROFESSEUR A L'UNIVERSITÉ DE MOSCOU

PARIS

F. VIEWEG, LIBRAIRE-ÉDITEUR

67, RUE DE RICHELIEU

1886

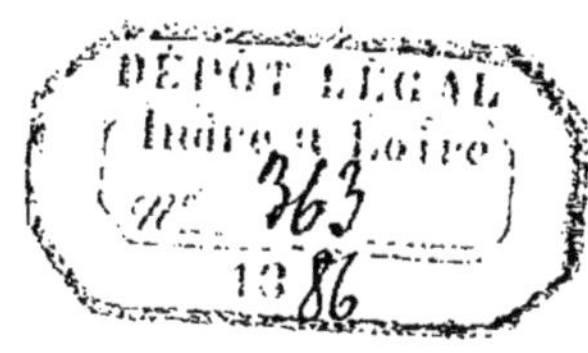

L'ABBÉ DE MABLY

MORALISTE ET POLITIQUE

IMPR. PAUL BOUSREZ, 5, R. DE LUCÉ, TOURS.

L'ABBÉ DE MABLY

MORALISTE ET POLITIQUE

ÉTUDE SUR LA DOCTRINE MORALE DU JACOBINISME PURITAIN

ET SUR LE DÉVELOPPEMENT

DE L'ESPRIT RÉPUBLICAIN AU XVIIIe SIÈCLE

PAR

M. W. GUERRIER

PROFESSEUR A L'UNIVERSITÉ DE MOSCOU

PARIS

F. VIEWEG, LIBRAIRE-ÉDITEUR

67, RUE DE RICHELIEU

—

1886

L'ABBÉ DE MABLY

COMME MORALISTE ET POLITIQUE

Parmi les écrivains illustres du xviiie siècle, il n'y en a qu'un seul que notre époque ait presque totalement et bien injustement oublié : c'est l'abbé de Mably, dont l'année dernière nous rappelle le souvenir par la date commémorative de sa mort [1]. L'histoire nous offre peu d'exemples d'un contraste aussi frappant dans la destinée d'un écrivain : une indifférence presque dédaigneuse a rapidement suivi la réputation et la gloire exagérées dont il a joui de son temps. Voici en quels termes l'abbé Brizard en faisait l'éloge, trois ans après la mort de son ami, devant l'*Académie des Inscriptions et Belles Lettres* : « Pendant quinze siècles une nuit épaisse étendit son voile sur la nature entière ; toutes les lumières furent éteintes ; on corrompit les sources de la morale ; on honora du nom de politique l'art d'asservir et de tromper les hommes ; on réduisit en maximes cet art funeste et des écrivains pervers enseignèrent aux ambitieux à être injustes par prin-

---

[1] Mably est mort le 23 avril 1785.

cipe et perfides par méthode; la vertu ne fut plus qu'un vain nom et les mœurs, tombées dans l'oubli, parurent un sujet de mépris et de ridicule. Un homme est venu qui, nourri de la lecture des anciens, retrouva dans leurs écrits les traces de ce type céleste, de ce beau dont nous avions perdu tout sentiment. Il en étudia les éléments, et l'un des premiers parmi les modernes, nous dévoila l'alliance intime de la morale et de la politique, et démontra que les mœurs sont la source et la base de la félicité publique; il rappela tous les hommes et toutes les sociétés à cette idée simple et sublime par sa simplicité même. Toute sa vie, tous ses écrits publiés dans l'espace de quarante ans furent employés à développer cette utile et féconde vérité. L'exemple de tous les âges et de tous les peuples vint sous sa plume à l'appui de ses maximes; il y a dans tout ce qu'il a écrit une unité, je ne dirai pas de système, mais de doctrine, dont il ne s'est jamais écarté. Ses principes étaient sûrs, il s'y tint opiniâtrement attaché; on ne le vit jamais ni varier, ni flotter au gré des opinions vulgaires; il dit des vérités sévères; il les dit avec force, avec énergie et quelquefois avec une certaine brusquerie, qui n'est que l'indignation de la vertu qu'irrita l'aspect du vice et de l'injustice, et dans un siècle essentiellement frivole et corrompu, il trouva pourtant des amis et des lecteurs. »

Un autre éloge, quoique plus sobre, mais aussi très flatteur pour Mably, est dû à un historien bien connu de son temps, le savant Levesque[1]. Cet auteur faisait

---

[1] Auteur de l'*Histoire critique de la République romaine* et d'une *Histoire de Russie*

un parallèle de Mably avec Rousseau et affirmait que la postérité « donnerait au brillant Genevois le prix de l'imagination et au vertueux Dauphinois le prix de la sagesse. » Le prix extraordinaire partagé entre ces deux éloges avait été fondé par la duchesse d'Enville, si célèbre alors par son esprit et par son salon, dont Mably était un ancien habitué, et l'on peut voir dans les éloges de Brizard et de Levesque un reflet de la vénération qu'avait pour Mably la société qui se rassemblait au château de la Roche-Guyon, société si aristocratique, et en même temps si radicale dans ses aspirations politiques. Mais la grande considération dont jouissait l'abbé de Mably s'étendit bien au-delà des salons et des cercles littéraires : avec l'abbé de Condillac, son frère, il prit part à l'instruction de l'Infant de Parme, petit-fils de Louis XV. L'abbé Brizard en parle avec son emphase habituelle : On voulut former, dit-il, au grand art de régner un jeune Bourbon et aux leçons tracées par les Bossuet et les Fénelon, on désira joindre celles de Mably ; et il écrivit pour le prince de Parme son livre de l'*Etude de l'histoire*. Il fut aussi question de lui confier l'éducation du dauphin et de ses frères, et Levesque raconte qu'il ne tenait qu'à Mably de devenir le successeur de Fénelon, mais « qu'il mit à manquer cette place toute l'adresse qu'un autre aurait employée pour y parvenir » ; du reste le dauphin devenu roi garda même pendant la Révolution une haute opinion de la sagesse politique de Mably ; Louis XVI, voulant remercier Rivarol d'un de ses mémoires politiques qui lui avaient été présentés, déclarait son « plan un chef-d'œuvre de politique et de philosophie, qui aurait fait honneur aux Mably et aux Condillac. »»

Le nom de Mably n'était pas connu et respecté seulement en France : sa réputation franchit aussi la frontière. En 1763, la Société savante de Berne décerna une couronne aux *Entretiens de Phocion* : « Ce fut, comme l'a dit l'abbé Brizard, un choix fait sur la foule des livres qui paraissent journellement en Europe et qui se fixa sur celui qu'on regarda comme le plus utile à l'humanité entière ; c'était le premier exemple d'un pareil concours et, deux ans après, une couronne semblable fut décernée à Beccaria, l'auteur du célèbre traité *des délits* et *des peines*. » Quelque temps après, les Confédérés de Pologne chargèrent le comte Wielhorsky de consulter Rousseau et Mably sur la nouvelle constitution, à l'aide de laquelle ils espéraient sauver leur patrie. Mably s'en occupa très sérieusement et passa une année « au fond de la Volhynie » à étudier le pays ; la victoire du parti russe et le premier partage de la Pologne vinrent annuler tout projet de transformation du gouvernement d'après les conseils des philosophes ; mais Mably conserva longtemps ses relations avec les patriotes polonais. En 1777, le prince Potocky, au nom du conseil préposé à l'éducation nationale en Pologne, leur demanda d'écrire pour les écoles polonaises un traité de logique [1] et il accom-

---

[1] On pourrait croire que cette lettre fut adressée à l'abbé de Condillac et non à Mably, mais Brizard affirme positivement avoir vu la lettre.

pagnait sa demande de ces paroles flatteuses : « Vous jouissez du privilège des hommes célèbres, connus dans les pays les plus éloignés ; vous ignorez ceux qui vous lisent et que vous éclairez. Vous avez travaillé pour un prince souverain, refuseriez-vous d'appliquer votre ouvrage à l'usage d'une nation qui devrait l'être ?»

Il y a dans ces paroles un sens prophétique auquel certainement ni le prince polonais ni le philosophe français ne pouvaient s'attendre. Le temps approchait où les ouvrages de Mably eurent une influence très marquée sur les destinées d'un peuple qui réussit effectivement à s'emparer de la souveraineté. Mais ce n'étaient pas les Polonais, c'était le peuple français lui-même. On retrouve souvent dans les cahiers de 1789 la trace des écrits et de l'esprit politique de Mably.

Mais l'influence de Mably — « sur cette Révolution qu'il a eu la gloire de prédire et même de hâter, » — oubliée de nos jours, était bien présente à l'esprit des contemporains. Son nom figure assez souvent dans les journaux de l'époque, soit dans la partie littéraire, soit dans les comptes rendus des séances de l'Assemblée Nationale. Tantôt c'est une appréciation du mérite de ses œuvres, où il est dit que « la plupart des faiseurs de brochures les ont copiées sans les citer, que la plupart des faiseurs de motions les ont apprises par cœur et souvent mal comprises [1] », tantôt ce sont des vers qui célèbrent le *grand homme : «* mort trop tôt pour la

---

[1] *Moniteur universel* du 25 décembre 1789.

France et pour la liberté! » Quant aux discours qui se rapportent à Mably, il est à remarquer qu'en général les orateurs des divers partis s'appuient sur son autorité, ou tout au moins montrent une grande déférence pour sa mémoire. Ainsi l'abbé Grégoire, tout en critiquant, dans une séance de la Convention Nationale, les *principes des négociations* de Mably, dit néanmoins de lui que ses « immortels écrits le placent au rang des bienfaiteurs du genre humain [1] », et Dumolard attaquant dans le conseil des Cinq Cents le *gouvernement révolutionnaire* et défendant contre les Jacobins « les principes immuables de la justice éternelle », en appelle [2] à Rousseau et à « l'immortel auteur des *Entretiens de Phocion* ». Ceci explique l'accueil favorable fait aux différentes motions présentées en l'honneur de Mably à l'Assemblée Nationale et à la Convention. Le 30 mai 1791 le comité de constitution soumit à l'Assemblée Nationale un projet de décret pour transférer les cendres de Voltaire dans l'église de Sainte-Geneviève à Paris. Au cours de la discussion, le député Regnault de Saint-Jean-d'Angely proposa « d'élever aux frais de la nation une statue à Voltaire. » Il s'ensuivit plusieurs motions pareilles. Le député Aymar rappela que l'Assemblée avait déjà décrété une statue à Rousseau et se plaignit que le comité des pensions ne se fût pas encore occupé de cet objet. Alors Prugnon et le député dauphinois, Chaleroud, demandèrent le même honneur, le premier pour

[1] Séance du 23 avril 1795.
[2] Séance du 15 janvier 1796.

Montesquieu, l'autre pour Mably, et l'Assemblée renvoya toutes ces propositions au comité.

Quatre ans plus tard, le 9 juin 1795, Arnoux présenta à la Convention nationale le premier exemplaire de la collection complète des ouvrages de Mably « qui avaient servi de flambeau dans la carrière de la Révolution », et demanda, en raison du décret qui ne permettait d'ouvrir le Panthéon français aux grands hommes que dix ans après leur mort, que cet honneur fût accordé au seul écrivain qui ne s'était occupé que du bonheur de la nation. — Le député Dussaulx convertit cette pétition en motion, et, rappelant les beaux manifestes de Philadelphie il célébra Mably comme le fondateur de la liberté américaine et comme l'un des plus grands professeurs de la vraie liberté que le monde ait produits. » Dussaulx était au nombre des amis de Mably, et l'on comprend l'éloge pompeux qu'il fit de l'auteur. Toutefois l'estime générale qu'inspirait Mably se retrouve dans les paroles prononcées par le président Lanjuinais. En acceptant, au nom de la Convention, les œuvres « de l'écrivain vertueux » et en appréciant ses mérites, il termina en disant « que l'homme public et l'homme privé trouveraient dans cette précieuse collection la règle de leur conduite et que leur reconnaissance placera Mably au rang des bienfaiteurs de l'humanité ! » La Convention nationale décréta la mention honorable de l'offrande, l'insertion au Bulletin des différents discours et le renvoi de la motion aux trois comités réunis de Salut public, de Législation et d'Instruction publique pour en faire le rapport en quatre jours. Mais cet honneur, marque éclatante de l'estime que ses contemporains témoignaient à Mably, fut aussi le dernier hommage rendu à sa mémoire.

Depuis cette époque son souvenir est tombé dans l'oubli et une indifférence des plus étranges a remplacé les témoignages si flatteurs qui lui ont été décernés par ses contemporains.

De nos jours, il n'est guère question de lui que sous deux rapports : comme historien et comme *utopiste social* ; on se rappelle quelquefois ses travaux sur l'histoire de France, qu'on ne lit plus, mais qu'on connaît, grâce à la critique savante et spirituelle d'Augustin Thierry dans ses *Considérations sur l'histoire de France*; plus souvent encore on cite Mably dans les traités sur les doctrines communistes [1]. Mais ce n'est pas suffisant pour se faire une idée juste de cet écrivain et de ses travaux littéraires. Mably a été avant tout un moraliste et un écrivain politique ; sa doctrine communiste elle-même n'est qu'une conséquence de sa théorie morale, et son utopie pourrait même être considérée comme une imitation de celle de Morelly, son contemporain [2], si elle ne tirait une certaine originalité de ses rapports intimes avec le système moral de l'auteur. Ce système ne devrait pas être oublié par les historiens, puisqu'il

[1] Voy., par exemple, l'ouvrage de A. Sudre. *Histoire du communisme*, 1850, 4ᵉ éd. Le livre de Paul Rochéry, *Mably, théories sociales et politiques*, P. Sandré, 1849, n'est qu'un simple résumé des idées de Mably et contient dans l'*introduction* une apologie du socialisme.

[2] Le *Code de la Nature* de Morelly a paru en 1755 : le premier écrit communiste de Mably ne fut publié que treize ans après.

représente, pour ainsi dire, un épisode bien caractéristique de la grande lutte qui s'était engagée au xvııe siècle entre les adhérents de la morale chrétienne et ceux de la nouvelle morale *naturelle* ou utilitaire. Mais c'est surtout la doctrine politique de Mably qui devrait intéresser les historiens. Entre Montesquieu et Rousseau, entre les deux grands théoriciens de la monarchie constitutionnelle et de la démocratie absolue, Mably occupe une place à part. Comme Rousseau, il est partisan du principe égalitaire, mais il rejette la théorie politique du contrat social basée sur la législation immédiate du peuple ; comme Montesquieu, il veut appuyer son système politique sur la représentation du peuple et la division des pouvoirs ; mais, de même que Rousseau, il déteste la constitution anglaise ; en un mot, dans sa théorie, Mably se rapproche le plus du système réalisé par la Révolution de 1789.

Ainsi, sans exagérer l'influence de cet auteur sur son siècle, il faut dire que, pour bien comprendre l'esprit du xvııe siècle, il est au moins nécessaire de tenir compte de ses écrits et de ses théories.

C'est ce qu'ont négligé de faire jusqu'à présent les écrivains qui ont traité de l'histoire des idées morales et politiques du siècle dernier. Ainsi le nom de Mably ne figure ni dans l'ouvrage de M. Barni sur les Moralistes français du xvııe siècle, ni dans les *Mémoires* volumineux de M. Damiron, quoique leur savant auteur, en réfutant Helvétius et d'Holbach, à l'aide des théories émises et des arguments fournis par leurs contemporains, ait eu souvent l'occasion d'employer ses arguments. Si M. Laurent a dédié quelques pages à Mably dans ses *Etudes sur l'histoire de l'humanité*, ce beau monument d'une érudition pour ainsi dire cosmopolite, M. Janet n'a pas cru devoir mentionner Mably auprès de Montesquieu et de Rousseau dans son *Histoire de la philosophie morale et politique*.

Si l'on recherche les causes de cette indifférence de notre temps pour les ouvrages de Mably, il faut avant tout remarquer qu'il occupait une place isolée dans le grand mouvement des esprits au xviiie siècle. Il était brouillé personnellement avec les chefs de ce mouvement et n'épargnait sa critique ni à leurs idées ni à leurs méthodes. Ainsi il ne craignit pas de reprocher à Voltaire, en termes ironiques, que « son zèle infatigable pour la vérité et la prudence lui ont fait une loi de n'avoir en apparence aucune idée bien fixe et bien arrêtée [1] » en philosophie morale ; il l'accuse par exemple d'être partisan de Machiavel dans un chapitre et de louer la bonne foi dans un autre. « Partisan zélé du luxe, il se moque des gouvernements qui font des lois somptuaires, et ailleurs il vous dit que les Suisses ignoraient les sciences et les arts que le luxe a fait naître, mais qu'ils étaient sages et heureux. » Mably se moquait hautement des travestissements continuels

---

[1] MABLY, *Du développement... de la raison*, p. 6. Nous citons les ouvrages de Mably d'après l'édition de ses *Œuvres complètes* en 12 volumes (Londres 1789), la meilleure sous le rapport typographique, et ceux de ses écrits posthumes qui manquent dans l'édition de 1789 sont cités d'après la *Collection complète de ses œuvres* (Paris, l'an III de la République) en 15 volumes.

de Voltaire. « Combien, demande-t-il, a-t-il fait de personnages différents pour nous instruire ? Ne paraissant presque jamais sous son nom, tantôt c'est un théologien, un philosophe, un Chinois, un aumônier du roi de Prusse, un Indien, un athée, un déiste; que n'est-il pas? Il écrit pour tous les esprits et même pour ceux qui sont plus touchés d'une plaisanterie ou d'un quolibet que d'une raison. »

Mais c'est surtout au point de vue de l'histoire que Voltaire devient de la part de Mably l'objet d'une critique acerbe et malveillante. Il lui reproche une érudition apparente et une critique superficielle. « Voltaire, dit-il[1], m'assure qu'il a lu nos anciens capitulaires; pour ne pas l'accuser malhonnêtement d'un mensonge, ne suis-je pas contraint de penser qu'il entendait mal quelquefois ou même n'entendait point ce qu'il lisait. » Mably osa dire que l'*Histoire universelle* de Voltaire ne renfermait que des demi-vérités qui étaient autant d'erreurs, parce qu'il leur avait donné ou trop ou trop peu d'étendue; que rien chez lui n'était présenté dans ses justes proportions, ni peint sous des couleurs véritables.

Mably s'élève surtout contre ce qu'il appelle les « mauvaises plaisanteries » de Voltaire, par exemple dans sa critique de l'*Histoire de Lucrèce* : « J'étais très disposé, dit-il, à pardonner à Voltaire sa mauvaise politique, sa mauvaise morale, son ignorance et la hardiesse avec laquelle il tronque, défigure et altère

---

[1] *De la manière d'écrire l'histoire*, p. 475.

la plupart des faits. Mais j'aurais désiré un écrivain qui eût assez de goût pour savoir que l'histoire ne doit jamais se permettre des bouffonneries et qu'il est barbare et scandaleux de rire et de plaisanter des erreurs qui intéressent le bonheur des hommes [1]. »

Si, comme on le voit, Mably a peu de respect pour le « patriarche » du siècle, il est encore plus sévère pour les « philosophes à la mode » pour « la *clique* des philosophes », qu'il ne nomme jamais, mais qu'il réfute partout dans ses écrits sur la morale; mais ce qui devait surtout diminuer le nombre des adhérents à ses idées, c'est son dédain pour le grand public qui admirait et suivait la philosophie à la mode, c'est son mépris offensant pour « les beaux esprits qui, n'ayant aucun talent pour se faire remarquer, ont pris le parti de se dire philosophes. » Les philosophes répondaient à son dédain en se moquant de lui-même et « de ses oracles », comme on peut facilement s'en rendre compte en parcourant, dans la *Correspondance littéraire* de Grimm, les passages relatifs à Mably [2]. C'est avec pitié qu'ils traitaient « ce bon abbé qui se croyait très sincèrement une tête bien autrement judicieuse que celle du patriarche et du président de Montesquieu; » et ils cherchaient à jeter le ridicule sur son *enfantillage* et ses *sottises*. Et comme leurs opinions devinrent avec le temps, pour ainsi dire, la voix du siècle, la mémoire de Mably ne pouvait pas ne pas se ressentir de leur jugement.

---

[1] *De la manière d'écrire l'histoire*, p. 347.
[2] GRIMM, *Corr. lit.*, Sec. Série, T., I. p. 302; T. III, p. 200.

En se déclarant ennemi avoué de la philosophie d'Helvétius et du *système de la nature*, Mably aurait pu trouver un soutien dans le camp nombreux des admirateurs de Rousseau. Mais la gloire de Rousseau devait aussi ternir la renommée de Mably. Offensé par une lettre de Mably qui circulait à Genève à l'époque où Rousseau fut en butte aux désagréments suscités par les *Lettres de la montagne*, lettre dans laquelle Mably désapprouvait les principes politiques de Rousseau, ce dernier eut l'injustice de désigner les *Entretiens de Phocion*, qui venaient alors d'être publiés, « comme une compilation tirée de ses propres écrits sans retenue et sans honte[1] » et de prêter à l'abbé de Mably une fausseté qui n'était pas du tout dans le caractère de cet écrivain.

Rousseau assure « qu'à la lecture de ce livre il sentit que l'auteur avait pris son parti à son égard et qu'il *n'aurait point désormais de pire ennemi*. » L'amour-propre irrité de Rousseau et sa susceptibilité inquiète lui ont fait souvent envisager des dissentiments *sur les principes comme des questions personnelles*, comme des preuves d'une hostilité cachée à son égard. Ces mêmes motifs l'ont induit en erreur à l'égard de Mably. Cet auteur ne s'est jamais permis ni une polémique ouverte contre Rousseau, ni peut-être même une allusion blessante. Mais Rousseau avait reconnu avec raison dans les *Entretiens de Phocion* l'influence de principes tout différents des siens.

---

[1] Rousseau, *Confessions*, p. 518.

Ainsi l'on voit que Mably n'appartient à aucun des
trois grands partis littéraires ou philosophiques qui se
partageaient l'empire sur les opinions du XVIIIe siècle
et qui attirent notre attention. Mably était même en
opposition ouverte avec son siècle; « ce siècle de
lumières » n'était pour lui, comme il dit, qu'un
« siècle de rabâchages et de paradoxes. » Tout en parta-
geant les aspirations et les sentiments révolutionnaires
de son temps, il luttait du même coup contre les passions qui excitaient l'intérêt du public contemporain
et qui donnent encore de nos jours un certain éclat
aux ouvrages des philosophes. Mais Mably n'a pas
réussi à se créer dans la littérature une position indépendante et durable ni par son opposition au courant
général des idées du siècle, ni comme novateur lui-
même. Ce ne sont pas précisément les paradoxes et les
chimères de son système qui lui firent le plus grand
tort ; rêveries et chimères se rencontrent chez presque
tous les philosophes du XVIIIe siècle, excepté Voltaire,
chez qui le bon sens prédomine toujours ; mais l'idéal
social de Mably, quoique ultra-révolutionnaire, blessait
les novateurs les plus passionnés par le sacrifice des
passions qu'il leur demandait.

Ce qui diminuait encore l'attention du public pour
les écrits de l'abbé de Mably, c'est le singulier mélange
chez lui d'esprit chimérique et d'érudition pédantesque,
d'instinct religieux et de *naturalisme* dans la morale,
d'idées au plus haut degré révolutionnaires et d'une
pruderie philosophique extrême pour « les vices et les
excès d'une populace législatrice. » Enfin, et peut-être

la cause principale de l'oubli dans lequel est tombé aujourd'hui cet écrivain si célèbre de son temps, c'est la forme fatigante de ses écrits, le ton de prédicateur de morale, qui convient si peu aux goûts et aux habitudes de notre époque.

Malgré le peu d'attrait que les ouvrages de Mably présente aux lecteurs, l'indifférence dont on fait preuve à son égard devrait faire place toutefois à une appréciation plus équitable de son rôle dans l'histoire des idées et de l'esprit du xviii⁰ siècle. Ce n'est pas seulement une question de justice pour un écrivain qui a beaucoup contribué de son temps à la gloire littéraire de la France, mais c'est aussi une étude nécessaire pour bien comprendre le xviii⁰ siècle. Ses ouvrages embrassent cinquante années de l'époque littéraire qui a le plus influé sur les idées et les institutions sociales et politiques de l'Europe. Mably a commencé à écrire sous l'impulsion des idées si naïves et si pacifiques de l'abbé de Saint-Pierre, et son ouvrage sur les *Droits et les devoirs du citoyen*, publié en 1789, a, pour ainsi dire, ouvert l'ère de la Révolution. Dans ses longues méditations et dans ses nombreux ouvrages, il s'était proposé pour but de contribuer à résoudre les deux grands problèmes qui occupaient le xviii⁰ siècle, la réforme de la morale et, par ce moyen, la réforme de la législation pour fonder le bonheur général de l'humanité ; et ce que Mably a pensé et écrit sur ce sujet nous fait non seulement mieux connaître l'histoire de la société française, mais en général les lois psychologiques qui gouvernent le progrès moral et qui forcent « l'intelligence humaine d'épuiser toutes les erreurs avant de trouver et saisir la vérité [1]. »

On a souvent constaté que l'esprit de la société française au xviiie siècle était devenu purement théorique, s'abandonnant souvent dans les chimères parce que la vie politique n'initiait pas les écrivains aux exigences et aux conditions de la réalité. Cette observation, juste en général, n'est pas à l'égard de l'abbé de Mably justifiée par les faits. Il a été presque le seul des philosophes qui ait commencé par la pratique des affaires, et l'on peut même ajouter, qu'il est devenu théoricien abstrait et utopiste en raison même de sa trop profonde connaissance du monde officiel et de la pratique gouvernementale de son temps. Grâce à ses relations avec la famille des Tencin, il devint, jeune encore, secrétaire du cardinal de ce nom, qui s'était flatté de devenir le successeur du cardinal de Fleury. Mably préparait les rapports du cardinal et écrivait ses mémoires pour le Conseil du Roi ; il élabora des instructions qui devaient servir de base aux négociations diplomatiques. Ce fut pour l'instruction particulière du cardinal qu'il fit un abrégé des traités depuis la paix de Westphalie, abrégé qui devint le fondement de son *Droit public de l'Europe*. Cet ouvrage qui parut en 1748, fut traduit en plusieurs langues et valut une célébrité européenne à son auteur.

C'est sous l'impression de la diplomatie traditionnelle du xviiie siècle que Mably se fit réformateur de morale.

---

[1] MABLY, *Du Cours et de la marche des passions*, p. 251. Dans le xve vol. de la collection complète de ses œuvres.

Sa première préoccupation fut la réforme de la politique des cabinets européens sur des bases morales. Le contraste entre la morale des particuliers et les maximes que suivaient les gouvernements dans leurs rapports mutuels était devenu trop sensible. Ce siècle fut celui des conjurations entre les États, des guerres de succession et des traités de partage. Il avait débuté par le projet de partage de la monarchie espagnole, après l'extinction de la dynastie de Charles-Quint, projet qui aboutit à la guerre de Succession d'Espagne. Bientôt après, l'avènement de Marie-Thérèse au trône des Césars, donna l'idée de partager l'État autrichien et fut le prétexte d'une longue guerre de succession. La paix était à peine conclue que l'Autriche, pour recouvrer une province perdue, se mit partout en quête d'alliés et conçut le projet de partager avec eux la monarchie de Frédéric II, cause de la guerre de Sept ans. Après la Prusse, la Suède et la Turquie devinrent à leur tour l'objet de traités de partages, et, enfin, la Pologne succomba sous le coup de trois partages successifs. Cette agitation fiévreuse des diplomates, ces plans hardis et ces projets compliqués donnèrent lieu naturellement à des traités aussitôt rompus que conclus, à des changements d'alliance brusques et mal motivés, à de sourdes rancunes et à des vengeances perfides, enfin à des accusations d'immoralité de la part des victimes. C'est contre cette espèce de diplomatie fondée sur « la doctrine fausse et perverse de Machiavel » que se souleva le secrétaire du cardinal de Tencin ; il proscrivit les traités secrets comme une source de discorde et de haine et demanda une politique franche et ouverte ; il condamne surtout la mauvaise foi dans les traités, l'art funeste de se ménager, par des obscurités et des équivoques, des prétextes de les rompre à la première occasion.

Mably veut montrer que, sous l'influence de cette politique, « depuis deux siècles aucun État ne s'en est bien trouvé. » Il veut surtout prouver « que la prospérité, fondée sur l'injustice, n'est qu'une prospérité passagère ; que l'avarice et l'ambition n'établissent qu'une politique ruineuse, que ni l'argent ni les alliances, mais seulement les mœurs donnent la force aux États et sont le nerf de la paix et de la guerre. » S'il veut réformer le droit des gens par une meilleure politique pendant la paix, il se propose le même but par rapport à la guerre ; il cherche à démontrer que les conditions injustes ou trop dures imposées au vaincu n'ont pour résultat que de le pousser à continuer la guerre, et que la bonne foi, la justice et la modération dans la victoire sont le seul moyen de s'en assurer les fruits.

Toutes ces observations de Mably sur le droit public se font remarquer par une tendance à fonder ce droit sur la morale et à prendre pour guide dans la politique le principe de « bonheur général » et d'utilité publique. Ces préoccupations devaient le pousser à des études plus profondes et plus compliquées, et enfin lui imposer cette grave question : quels sont les principes de la morale ?

Pendant de longs siècles ce fut la religion chrétienne seule qui put donner la solution de cette question, parce qu'elle était pour tout le monde chrétien l'unique source de morale, et l'on se préoccupait peu du problème de savoir s'il existait une morale ou une vertu en dehors de ce monde. Mais peu à peu d'autres idées devaient se faire jour sur cette question.

La Renaissance avait évoqué le souvenir de la morale des philosophes païens et l'opposition à la monarchie féodale avait fait admirer surtout, en France, les vertus des citoyens de Rome et de la Grèce. En outre, dans presque tous les pays de l'Europe, il existait un certain nombre d'hommes, de penseurs ou de gens du monde qui se tenaient en dehors de la communauté chrétienne, soit en cultivant ce qu'on appelait la religion naturelle, soit en abjurant sous la dénomination toutefois religieuse d'athées. Savoir s'il y a une vertu indépendante de la foi chrétienne ou de toute religion devint un problème surtout important pour les *athées* et les déistes ; à leurs yeux ce n'était pas seulement un problème de théorie, mais bien une question pratique, puisqu'elle devait décider en premier lieu celle de la *tolérance* qu'ils demandaient pour eux au milieu de la grande société chrétienne.

C'est ainsi que se préparait de longue main dans l'histoire des idées morales, une crise qui devait produire une nouvelle école et les principes d'une morale indépendante de la religion. On peut prendre comme point de départ de la nouvelle morale le célèbre traité du comte de Shaftesbury, — *Essai sur le mérite et la vertu*, — qui parut en 1699, et dont la première page, en exprimant nettement le problème qui se posait devant les moralistes de cette époque, indique en même temps la nouvelle route à suivre : « La religion et la vertu, dit le moraliste anglais, sont unies par tant de rapports qu'on les regarde communément comme deux compagnes inséparables. C'est une liaison dont on pense si favorablement qu'on permet à peine d'en faire abstraction dans le discours et même dans l'esprit. Je doute cependant que cette idée scrupuleuse soit confirmée par la connaissance du monde ; et nous ne manquons pas d'exemples qui paraissent contredire cette union prétendue. N'a-t-on pas vu *des hommes* [1] qui, avec tout le zèle imaginable pour leur religion vivaient dans la dernière dépravation et n'avaient pas ombre d'humanité ; tandis que d'autres qui se piquaient si peu d'être religieux, qu'on les regarde comme de vrais athées, observaient les grands principes de la morale et nous ont arraché l'épithète de vertueux par la tendresse et l'affection généreuse qu'ils ont eues pour le genre humain. »

Ainsi donc, le fait que la religion ne coïncide pas toujours avec la vertu était constaté par un moraliste éminent, et le problème de son explication posé ; en même temps, ce moraliste faisait entrevoir dans le passage cité le grand principe, qui devait servir de base à

[1] On sait que *l'Essai* de Shaftesbury fut traduit par Diderot, en 1745. Nous avons cité les paroles de Shaftesbury d'après la belle traduction de Diderot, si souvent réimprimée dans ses Œuvres (Œuvres compl. éd. Assezat, t. I, p. 17); mais nous nous sommes permis de corriger une erreur du traducteur qui défigure totalement le sens du passage cité. Au lieu d'*hommes* Diderot avait traduit « n'a-t-on pas vu des *peuples* », induit en erreur par le double sens du mot anglais *people*.

la nouvelle morale. Ce principe était en parfaite union avec les tendances humanitaires du XVIIIe siècle : l'amour du genre humain, le désir du bien général de l'humanité.

Ce principe fut effectivement accepté comme base commune par toutes les différentes écoles de morale que le XVIIIe siècle vit éclore en Angleterre et en France. Mais les systèmes qui en découlèrent présentèrent entre eux des différences essentielles. Deux questions surtout divisèrent les opinions et échauffèrent les esprits : d'abord, celle du rapport entre la nouvelle morale humanitaire et l'ancienne morale religieuse. Le second point en litige, ce fut le rapport entre le principe de la morale humanitaire — l'amour du genre humain — et le fait empirique et indubitable que l'homme naturel s'aime avant tout lui-même et désire son propre bonheur. Si le principe de la vertu n'a d'autre but que le désir de contribuer par ses actions au bien général de l'humanité, comment expliquer ce désir chez un être qui cherche avant tout à se procurer, par ses actions, son bonheur personnel? Les différentes solutions de ces deux questions forment les traits les plus caractéristiques des divers systèmes de morale. Nous n'avons pas à nous occuper ici des moralistes anglais ; c'est-à-dire ni de l'école écossaise qui suivait Shaftesbury, ni de l'utilitarisme, qui par son fondateur Bentham prenait son point de départ chez les moralistes français [1]. Mais nous

---

[1] Selon l'aveu de Bentham lui-même, qui dit avoir trouvé, dans le livre d'Helvétius les germes de sa doctrine utilitaire.

devons indiquer, au moins sommairement, l'opinion
de Shaftesbury sur les deux points principaux, parce
que son livre, répandu en France par deux traductions,
a été bien connu des moralistes français de la seconde
moitié du XVIIIe siècle. Shaftesbury, qui avait donné
par son ouvrage une si forte impulsion à la recherche
d'une source de morale indépendante de la religion ne
récusait point la morale religieuse. Au contraire, il
terminait une longue et consciencieuse étude sur les
rapports de la religion et de la vertu par ces paroles
que « la piété était proprement le complément de la
vertu ; que là où la piété manque, la fermeté, la dou-
ceur, l'égalité d'esprit, l'économie des affections et la
vertu sont imparfaites. On ne peut donc atteindre,
concluait-il, à la perfection morale, arriver au
suprême degré de la vertu sans la connaissance du
vrai Dieu. ». Quant au grand problème du rapport
entre la vertu et l'intérêt, l'opinion du moraliste
anglais est clairement exprimée par cette conclusion :
« Quelque avantage qu'on ait procuré à la société, le
motif seul fait le mérite. Illustrez-vous par de grandes
actions tant qu'il vous plaira, vous serez vicieux tant
que vous n'agirez que par des principes intéressés ;
vous poursuivez votre bien particulier avec toute la modération possible ; à la bonne heure : mais vous n'a-
viez pas d'autre motif en rendant à votre espèce ce que
vous lui deviez par inclination naturelle ; vous n'êtes
pas vertueux. »

Si maintenant on veut s'expliquer la direction que
prit en France la nouvelle morale humanitaire dans

la seconde moitié du xviiiᵉ siècle, il faut se rendre
compte de deux fortes tendances qui prédominèrent
dans la littérature française de ce temps. C'était, en
premier lieu une réaction violente contre la domination
de l'Église sur l'État, sur la société laïque et sur les
études philosophiques et scientifiques. La dureté avec
laquelle l'Église dominante traitait encore et faisait
traiter par le bras séculier les sectes religieuses qui
s'étaient formées dans son sein, — les réformés et les
jansénistes, — envenimait les passions anti cléricales,
et le fanatisme des philosophes devint bientôt presque
aussi violent et aussi aveugle que le fanatisme religieux dans ses temps les plus funestes.

Un autre grand courant qui se faisait sentir dans
la littérature du xviiiᵉ siècle provenait de l'essor brillant des études scientifiques. La méthode expérimen-
tale avait fait faire aux sciences de grands progrès,
et ces progrès en firent à leur tour un objet d'intérêt
général.

L'étude des sciences devint une mode et la préoccupation favorite des gens du monde et des philosophes.
Ce qui attirait les philosophes vers les sciences, ce
n'étaient pas seulement les résultats scientifiques et la
méthode à l'aide de laquelle ils étaient acquis, mais
surtout les rapports intimes qu'ils remarquaient entre
les phénomènes de la vie psychologique et morale de
l'homme et les lois physiques, et l'espérance de pouvoir expliquer les premiers par les dernières.

Les philosophes avaient depuis longtemps recherché
les *lois* de la *nature*, mais par la nature ils n'entendaient

souvent que la raison *naturelle* de l'homme, et, en parlant d'un ordre *naturel* de la société, ils désignaient par là un ordre rationnel ou une constitution de la société qui pût satisfaire à toutes les exigences de la raison abstraite. Maintenant, ils comprenaient les lois de la nature dans le sens plus restreint et plus précis des lois *physiques*, et beaucoup croyaient voir s'ouvrir devant eux la perspective de pouvoir réduire les lois de la raison naturelle à des causes simples et palpables pour les sens et de fonder leur ordre *naturel*, c'est-à-dire rationnel, sur l'ordre physique expliqué par leur science. Ce double courant de l'opposition contre l'Eglise et de la tendance à réduire les phénomènes de la vie morale et politique à des causes purement physiques, se fait sentir plus ou moins chez tous les moralistes humanitaires et donne une couleur particulière à leur doctrine. Trois théories morales attirent surtout notre attention : la théorie des philosophes du *naturalisme*, la morale des physiocrates et celle de l'école communiste, c'est-à-dire, de Morelly et de Mably.

Par philosophes du *naturalisme* nous entendons les écrivains qui ont eux-mêmes donné ce nom à leur système moral et que nous préférons à celui de matérialistes ou sensualistes, parce que le sens de ces expressions est trop large ; c'est ainsi, par exemple, que Condillac, le fondateur du *sensualisme* n'appartient pas à l'école *naturaliste* en morale. Les représentants les plus célèbres du naturalisme en morale et les plus influents de leur temps sont Helvétius et Holbach, l'auteur anonyme du *Système de la Nature*.

Les ouvrages d'Helvétius et le *Système de la Nature* présentent entre eux une grande différence qui réside plutôt dans la forme et le ton que dans le fond. L'auteur de l'*Esprit* est surtout occupé de lui-même ; avant tout il veut faire briller sans esprit, il tâche d'amuser ses lecteurs par des historiettes apocryphes et des anecdotes licencieuses ; son plan préconçu, il se sert d'arguments qui sont souvent en pleine contradiction avec le but qu'il se propose.

L'ouvrage anonyme d'Holbach est écrit d'un ton plus sérieux et plus digne d'un traité de morale ; les contradictions et les défauts inhérents à la doctrine y sont mieux masqués ; mais la doctrine est toujours la même. C'est la morale *naturelle* opposée à la morale *surnaturelle* ou théologique ; cette morale veut être stable, être la même pour tous les individus de la race humaine, pour tous les pays et tous les temps ; elle veut être « certaine » et reposer sur des « principes évidents par eux-mêmes confirmés par des expériences constantes et approuvés par la raison [1] ». Pour donner à la morale « cette solidité inébranlable, le *système* ne reconnaît qu'un seul moyen, c'est de la fonder sur la *nature de l'homme* ».

Mais de cette nature de l'homme le *naturalisme* n'en veut connaître que le côté physique. « Le plaisir et la douleur, dit le *Système de la Nature*, l'espoir du bonheur ou la crainte du malheur, sont les seuls motifs capables d'influer efficacement sur les volontés des êtres sensibles. »

Système de la Nature, p. 189. Paris, an II de la République.

Ainsi l'unique moyen de donner à la morale une base solide, c'est de la déduire d'un principe tout matériel ou matérialiste. La première conséquence qui découle d'un tel principe c'est la nécessité, pour le moraliste, d'écarter, de ruiner tout principe spirituel et religieux. Le *Système de la Nature* le dit en termes très clairs : « Pour établir la morale sur des fondements sûrs, il faut nécessairement commencer par renverser les systèmes chimériques sur lesquels on a jusqu'ici fondé l'édifice ruineux de la morale surnaturelle que, depuis tant de siècles, l'on prêche inutilement aux habitants de la terre. »

Les philosophes de la secte *naturaliste* avaient donc pour ainsi dire une raison de plus d'attaquer l'Église catholique ou le christianisme en général. Ils ne le combattaient pas seulement en défenseurs de la tolérance universelle, ou en qualité de philosophes, mais encore comme *moralistes*. Si les déistes, professant une religion naturelle dont les dogmes principaux, — l'existence d'une divinité personnelle et l'immortalité de l'âme, — coïncidaient avec les dogmes du christianisme, voulaient écraser la rivale de la raison, les philosophes du *naturalisme*, regardant l'idée d'un Dieu en dehors de la nature et d'une âme en dehors du corps comme la source des erreurs les plus funestes à l'humanité, détestaient doublement le christianisme comme nuisible aux progrès de l'esprit humain et comme le plus grand obstacle à l'établissement de la *vraie* morale.

C'est pourquoi le *fanatisme* antireligieux devint le

trait prédominant du *naturalisme*. Ce trait est tant soit peu masqué dans le livre — de *l'Esprit*, parce que l'auteur était forcé de recourir à la distinction des religions fausses et de la religion vraie. Mais en même temps il faisait très bien voir au lecteur que sa critique n'excluait pas la *soi-disant vraie religion*. C'est ainsi qu'après avoir dit que la plupart des fausses religions étaient trop absurdes pour donner des étais à la vertu, il prétend qu'on ne peut non plus fonder les bases de la morale sur les principes de la vraie religion, parce que ses principes ne pourraient convenir qu'au petit nombre de chrétiens répandus sur la terre, et presque sans transition, il prétend que « les peines et les plaisirs éternels, les menaces et les promesses de la religion font communément une impression trop faible pour y sacrifier des plaisirs criminels, mais présents[1]. »

Mais c'est surtout dans les nombreux écrits anonymes, que firent paraître les moralistes de cette école, que se montrait, sous son véritable jour, leur vraie pensée sur le rôle de la religion dans la morale. Ainsi, l'auteur du *Système de la Nature* prétend que c'est dans des illusions et des opinions sacrées que nous devons chercher la source véritable de cette foule de maux dont nous voyons partout le genre humain accablé. L'ignorance et l'imposture remplirent son esprit de chimères par le moyen desquelles on lui fit entendre que la stupidité, le renoncement à la raison, l'engourdissement de l'esprit, l'abjection de son âme, étaient de sûrs moyens

---

[1] HELVÉTIUS, *De l'Esprit*, T. III, 364, *Œuvres complètes*. Paris, Garnéry, 1793.

d'obtenir l'éternelle félicité. La religion qui n'eut jamais que l'ignorance pour base et l'imagination pour guide, ne fonda point la morale sur la nature de l'homme et sur les devoirs qui découlent nécessairement de ses rapports avec les hommes ; elle aima mieux la fonder sur des rapports imaginaires avec des puissances invisibles, qu'elle avait gratuitement imaginées. C'est en imitant ces modèles que l'homme fut *méchant, insociable, inutile, turbulent, fanatique.* Quand l'homme fit du mal à ses semblables, *il se crut quitte en s'humiliant* devant son Dieu et en mettant son prêtre dans ses intérêts. Ainsi la religion, loin de donner une base sûre, naturelle et connue à la morale, ne lui donne qu'une base chancelante, idéale, impossible à connaître, — que dis-je ? — elle le corrompit et ses expiations achevèrent de la ruiner. Quand la religion voulut combattre les passions des hommes, elle le fit vainement ; ses remèdes furent dégoûtants et propres à révolter les malades ; *ils furent inefficaces parce que des chimères ne peuvent rien contre des passions que les motifs les plus réels et les plus forts concouraient à faire naître et à nourrir dans les cœurs ;* ses vaines clameurs ne firent que rendre la vertu haïssable, parce qu'elles la représentèrent toujours comme ennemie du bonheur et des plaisirs des humains. « En invitant ses lecteurs à suivre les leçons de cette morale humaine et douce qui nous conduit à la vertu par la voie du bonheur, le baron d'Holbach les exhorte à boucher leurs oreilles aux cris inefficaces de la religion, qui ne pourra jamais nous faire aimer une vertu qu'elle rend hideuse et haïssable et qui nous rend réellement malheureux en ce monde dans l'attente des chimères qu'elle nous promet dans un autre [1]. » Une autre tendance du *naturalisme* inspirait à ses adhérents la tâche de déduire le principe de la morale humanitaire, — la bienveillance pour le genre humain, — d'une cause souvent diamétralement opposée à leur but : l'intérêt personnel de l'homme. Ils auraient eu raison s'ils avaient dit que l'amour pour le genre humain peut devenir pour l'homme un intérêt personnel et même le plus fort de ses intérêts, et que l'intérêt personnel peut en ce cas et dans ce sens devenir une riche source de vertus sociales ; mais ils voulaient prouver qu'il n'y avait d'autre cause de morale sociale que l'intérêt personnel, que tout intérêt personnel devenait par la *nécessité des choses* une source de vertus, et en même temps ils ne voyaient dans l'intérêt personnel qu'un sentiment tout sensuel, qu'un *égoïsme* grossier, — le désir du plaisir et la crainte de la douleur. L'insuffisance de la doctrine est surtout frappante chez Helvétius qui, dans sa naïveté et dans sa présomption, ne se rend pas compte lui-même de l'incohérence de ses arguments. Comme les autres philosophes du *naturalisme*, Helvétius cherchait une méthode nouvelle et sûre pour les sciences morales et politiques et il crut l'avoir trouvée en réduisant tous les phènomènes de la vie morale de l'homme à des causes purement physiques. C'est ainsi

---

[1] *Système de la Nature*, T. III, p. 101, et 147.

qu'il voulait expliquer les vertus par la sensibilité
physique de l'homme et croyait que cette explication
suffisait à tout : «Je vois, dit-il, que sans la sensibilité
à la douleur et au plaisir physique les hommes sans
désirs, sans passions, également indifférents à tout
n'eussent point connu d'intérêt personnel ; que sans
intérêt personnel, ils ne se fussent point rassemblés en
société, n'eussent point fait entre eux des conventions ;
qu'il n'y eût point eu d'intérêt général, par conséquent
point d'actions justes ou injustes, et qu'ainsi la sensibilité physique et l'intérêt personnel ont été les auteurs
de toute justice [1]. » L'auteur est si satisfait de cette
argumentation qu'il ajoute : « Qu'on ne peut nier cette
proposition sans admettre les idées innées » et qu'il
se glorifie « d'avoir facilement découvert la source
des vertus humaines et de toute la morale. » Ce point
de départ force l'auteur à peindre tous les instincts
de l'homme, de l'homme civilisé aussi bien que du
sauvage, sous des couleurs toutes sensuelles, souvent
même cyniques. En prétendant « que le désir du
plaisir est le principe de toutes nos actions et de toute
nos passions, » il appuie là-dessus que les plaisirs physiques *sont les seuls plaisirs réels*. En exaltant les
passions comme le feu céleste qui vivifie le monde
moral, comme la source à laquelle les sciences et les
arts doivent leurs découvertes et l'âme son élévation,
comme la force magique qui d'un homme stupide fait
souvent un homme d'esprit, Helvétius cherche en

----

[1] HELVÉTIUS, *De l'Esprit*, T. III, p. 50.

même temps à prouver, par une longue et fatigante
déduction, que toutes les passions, même les plus
exaltées et les plus pures, l'ambition de la gloire militaire et l'amitié ont leur source dans le désir du plaisir
physique. Et par conséquent cet intérêt personnel, qui
« préside à tous nos jugements, » que l'auteur présente
comme le mobile de tous nos sentiments et de toutes
nos actions, qu'il justifie comme un motif « dont il
serait moins facile d'abuser que des motifs religieux, »
n'est au fond qu'une impulsion sensuelle, égoïste et
opposée à l'intérêt des autres [1]. Pourtant le langage
de l'écrivain change aussitôt qu'il commence à parler
de l'intérêt général. C'est alors « *l'utilité publique*
qui devient chez lui le principe de toutes les vertus
humaines » ; la vertu n'est rien que le désir du bonheur
général, par conséquent le bien public est déclaré
l'objet de la vertu et les actions qu'elle commande
sont considérées comme le moyen dont elle se sert
pour remplir cet objet. L'auteur « indique la manière
d'échapper aux séductions des sociétés particulières,
de conserver une vertu toujours inébranlable au choc
de mille intérêts particuliers et différents, et ce moyen
consiste à prendre, dans toutes ses démarches, conseil
de l'intérêt public [2]. »

Ainsi, d'un côté Helvétius nous présente l'intérêt personnel comme principe unique de l'intérêt général, de
toute justice et de toute vertu ; de l'autre, l'auteur ne
nous cache pas que l'intérêt personnel est souvent en

[1] HELVÉTIUS, *De l'Esprit*, II, p. 133, T. II, p. 467.
[2] *Ibid.*, t. II, p. 75.

contradiction avec l'intérêt général. Il affirme, par exemple, que les hommes sont vertueux ou vicieux selon que leurs passions ou leurs goûts particuliers sont conformes ou contraires à l'intérêt général ; il avoue que la justice de nos jugements et de nos actions n'est jamais que la rencontre heureuse de notre intérêt avec l'intérêt public ; il retombe même dans le système moral qu'il combat en s'écriant que ce n'est que par un détachement absolu de ses intérêts personnels qu'un moraliste peut se rendre utile à sa patrie. Mais si l'intérêt personnel tend si souvent à détruire l'intérêt général, où est donc le moyen de rétablir la concordance et l'harmonie entre eux ? Dans le système matérialiste de notre auteur, ce moyen ne pouvait être que l'impulsion d'une force toute extérieure et mécanique, — l'action du législateur, c'est-à-dire du gouvernement sur l'intérêt personnel.

L'auteur déclare que toute convention où l'intérêt particulier se trouve en opposition avec l'intérêt général eût toujours été violée, si les législateurs n'eussent toujours proposé de grandes récompenses à la vertu et si, au penchant naturel qui porte tous les hommes à l'usurpation, ils n'eussent sans cesse opposé la digue du déshonneur et du supplice ; il en conclut que la peine et la récompense sont les deux seuls liens par lesquels ils ont pu tenir l'intérêt particulier uni à l'intérêt général, et que les lois faites pour le bonheur de tous ne seraient observées par aucun si les magistrats n'étaient armés de la puissance de « nécessiter la vertu ». Les grandes récompenses, dit-il ailleurs, font les grandes

vertus et la sage administration des honneurs est le lien
le plus fort que les législateurs puissent employer pour
unir l'intérêt particulier avec l'intérêt général, et former
des citoyens vertueux. Il ne doute aucunement de cette
force miraculeuse des législateurs, et il insinue aux moralistes qu'ils devraient savoir que, semblable au sculp-
teur, qui d'un tronc d'arbre fait un dieu ou un banc, le
législateur forme à son gré des héros, des génies et des
gens vertueux [1].

Les paradoxes d'Helvétius sont d'autant plus bi-
zarres, qu'il veut être piquant par l'exagération, et qu'il
imite le ton original et épigrammatique de Montesquieu ; mais ils nous expliquent clairement les tendances générales de l'école moraliste à laquelle il
appartient. Nous retrouvons les mêmes principes, mais
mieux coordonnés, dans le *Système de la Nature*. L'auteur ne cherche pas, comme Helvétius, à amuser ses lecteurs, mais à les endoctriner ; aussi est-il plus circons-
pect, il s'exprime d'une manière plus noble sur l'intérêt
personnel et les désirs naturels de l'homme, et il
cache avec plus de soin ses contradictions ; mais la doctrine est toujours la même. L'intérêt personnel est toujours considéré comme l'unique mobile des actions
humaines, et il est présenté le plus souvent sous des
teintes très matérialistes. « Nous voyons en l'homme, dit
le *Système de la Nature*, un être qui sent, qui pense, qui
a de l'intelligence, qui s'aime lui-même, qui tend à se
conserver, qui, dans chaque instant de sa durée, s'ef-

[1] *Helvétius*, T. III, p. 64, 335 ; T. II, p. 336.

force de rendre son existence agréable; s'il vit en société avec des êtres semblables à lui, c'est pour satisfaire plus aisément ses besoins et se procurer des plaisirs. »

Cet intérêt est la source de la morale; nous sommes vertueux parce que nous ne pouvons autrement parvenir au bonheur que nous nous proposons. Les motifs qui nous dirigent vers la vertu ne peuvent être que les désirs toujours renaissants de nous procurer des biens et d'éviter des maux. En conséquence, la vertu et la morale ne sont que des impulsions égoïstes. « L'utilité réelle est réciproque, dit l'auteur, voilà ce qui constitue la vertu [1]. » Dans une autre page il prétend que l'homme vertueux est celui qui communique le bonheur à des êtres capables de le lui rendre, nécessaires à sa conservation et à portée de lui procurer une existence heureuse.

Quelquefois, cependant, l'auteur change de langage. Il s'écarte de la notion sensuelle de l'intérêt personnel, et il parle même de la nécessité de lutter contre les passions. « L'homme, dit-il, reconnaîtra que, pour se conserver et se procurer à lui-même un bien-être durable, il est obligé de résister à l'impulsion souvent aveugle de ses désirs. » Il attribue même à la nature une conscience morale : selon lui, « la nature dit au pervers de rougir de ses vices, de ses penchants honteux, de ses forfaits » ; il parle de la vertu avec des accents généreux ; elle se confond et s'identifie chez lui, non avec l'intérêt personnel, mais avec l'intérêt

[1] *Système de la nature*, T. I, p. 192, 194.

général. « La vertu, dit-il, n'est que l'art de se rendre heureux soi-même de la félicité des autres. » — « Être vertueux, c'est faire des heureux ; c'est être utile aux autres. » — « Tout doit être subordonné à ce premier des devoirs. » — « Le génie, les talents de l'esprit, les sciences et les arts n'ont des droits sur nous qu'en raison de l'utilité, des agréments et des avantages qu'ils procurent à la société. »

Mais en général la morale du *Système de la Nature* n'est qu'un calcul intéressé. L'*obligation morale* est expliquée par la « nécessité de prendre les moyens propres à exciter dans les autres les sentiments dont l'homme a besoin pour être heureux lui-même ». La préférence de la vertu au vice n'est basée que sur ce calcul, et sa justesse paraît infaillible à l'auteur. « Il faut, à l'homme dit-il, une morale, et le désir de se conserver lui fera préférer la vertu au vice par la même nécessité qui lui fait préférer le plaisir à la douleur [1]. »

Ainsi, pour que la morale cesse d'être une science vaine, l'auteur du système exige qu'elle devienne une espèce d'arithmétique, qu'elle prouve aux hommes que leur plus grand intérêt est d'être vertueux.

L'auteur sait pourtant que dans la *présente constitution des choses* la vertu, loin de procurer toujours le bien-être à ceux qui la pratiquent, les plonge souvent dans l'infortune et met des obstacles continuels à leur félicité. Il avoue que, par une suite nécessaire des égarements du genre humain, la vertu donne rarement les

---

[1] *Système de la nature*, T. I, p. 204, 210, 211.

biens dans lesquels le vulgaire fait consister le bonheur.
Mais toutes ces considérations inspirent à l'auteur une
conclusion semblable à celle que nous avons rencontrée
chez Helvétius, c'est-à-dire que c'est le but de la législation et le devoir du gouvernement de faire éclore les
vertus de l'intérêt personnel en coordonnant cet intérêt
avec le bonheur général. Il soutient que « quand nous
disons que la vertu est sa propre récompense, nous
voulons simplement annoncer que dans une société
dont les vues seraient guidées par la vérité, par l'expérience, par la raison, chaque homme connaîtrait les
véritables intérêts, sentirait le but de l'association,
trouverait des avantages ou des motifs réels pour remplir ses devoirs, en un mot serait convaincu que pour
se rendre solidement heureux il doit s'occuper du bien-
être de ses semblables. »

Pour obtenir une société constituée comme le désire
le *Système de la Nature*, il faut recourir à la législation,
et pour inspirer à la législation cette tendance vers
l'idéal politique, il faut la subordonner à la morale.
C'est en cela que devait consister le *vrai esprit législatif*,
dont parlait si souvent Helvétius en l'opposant à
l'Esprit des lois. En cherchant dans l'histoire la cause
des grandes actions et des vertus publiques, l'auteur de
l'Esprit croyait l'avoir trouvée « dans l'adresse avec
laquelle les législateurs avaient lié l'intérêt particulier
à l'intérêt public, » et c'est leur union que devait
désormais avoir en vue le *véritable* esprit des lois.
Pareillement, le *Système de la Nature* ne voit dans la
législation que l'art de contenir les passions dangereuses

pour le bien général et exciter celles qui sont avanta-
geuses à la société. Par ce moyen s'accomplira une
union complète entre la morale et la politique. Ces
deux disciplines qui étaient si étrangères l'une à l'autre,
n'en feront dorénavant qu'une seule. La morale atteindra
son but par les moyens de la politique, à l'aide de la
législation ; la politique, à son tour, n'aura qu'un but
moral, — le bonheur général de la société, fondé sur la
vertu intéressée de tous les particuliers.

Tel est donc le grand résultat auquel aboutit cette
école philosophique qui croit à l'identité du bonheur
avec la vertu et à l'identité de l'intérêt personnel avec
le bonheur général : Créer, au moyen de la législation,
une constitution de la société, telle que le calcul de la
vertu intéressée devînt effectivement infaillible. Dans
un tel état des choses il n'y aura plus de vices parce
que chacun sera convaincu qu'ils ne coïncident
pas avec l'intérêt personnel. A proprement parler, il
n'y aura ni vices ni vertus, puisqu'il n'y aura que
des actions bien calculées et que l'intérêt personnel
sera forcé de chercher son bonheur dans le bonheur
général.

Le jugement sur les philosophes *naturalistes* variera
toujours selon qu'on les jugera d'après leurs intentions
ou d'après les moyens dont ils se servaient. Ils voulaient
contribuer au bonheur général et fonder pour cela la
morale humanitaire sur une doctrine certaine et solide ;
mais, pour arriver à ce but, ils déchaînèrent le fanatisme
anti religieux et firent l'apologie de l'intérêt personnel
dans un sens souvent brutal et cynique ; ils désespéraient

néanmoins de pouvoir diriger cet intérêt personnel vers l'intérêt général sans l'aide de la législation, et ils révèrent en conséquence une certaine utopie sociale dans laquelle l'homme serait forcé par son intérêt personnel de devenir vertueux et de ne chercher que le bonheur général. Mais, quel que soit le jugement porté par l'historien sur les philosophes du *naturalisme*, il faut, pour être impartial, qu'il tienne compte du courant général des opinions dans la société au milieu de laquelle vivaient ces philosophes ; il faut qu'il prenne surtout en considération la doctrine de beaucoup d'autres écrivains de leur temps, qui partageaient avec ces philosophes leurs aspirations généreuses et chimériques, et suivaient plusieurs de leurs errements les plus graves.

C'est ainsi qu'on rencontre une affinité frappante entre la philosophie du *naturalisme*, et la doctrine morale des *physiocrates*. Les physiocrates ont eu une influence si considérable sur le développement des idées économiques, que l'histoire de l'économie politique seule s'est emparée d'eux et que leur théorie morale est tombée dans l'oubli. C'est exactement le même cas que pour Adam Smith ; on ne le connaît que comme fondateur de la science et son souvenir comme moraliste est presque oublié, quoique sa doctrine morale ait été pour lui le complément nécessaire de sa doctrine économique. Quant aux physiocrates, on peut dire que les rapports de leur théorie économique avec leur doctrine morale sont encore plus intimes.

Le savant éditeur des ouvrages des économistes,

E. Daire, avait bien compris qu'il y avait dans la doctrine des physiocrates un côté moral, et il en a même exagéré la valeur. Il attribue à Quesnay la gloire d'avoir *fondé la morale sociale*, dont l'absence, dit-il, a pour effet de fausser la notion du bien et du mal dans tous les esprits, même en ce qui touche les relations individuelles.

En résumant ce que les physiocrates ont fait pour le progrès de la morale, Daire s'exprime en ces termes : « C'était tirer des nuages du mysticisme le grand principe de la paix et de la fraternité entre les hommes et l'asseoir sur les bases les plus propres à en assurer le triomphe. C'était enfin, — en démontrant par l'étude des lois mêmes de la nature l'enchaînement nécessaire du mal moral avec le mal physique, — établir la doctrine, — aussi neuve que salutaire pour le monde, — de la concordance vigoureuse du juste avec l'utile. Telle est, en effet, la portée de toutes les spéculations auxquelles se livrèrent les physiocrates, qui furent les premiers à comprendre l'importance de la richesse au point de vue du développement moral des nations [1]. »

Il y a dans ce jugement une double exagération : — d'abord une appréciation trop favorable des principes moraux des physiocrates, puis une erreur de fait, celle de leur attribuer ce qui ne leur revient qu'en partie. *Fonder une morale sociale* n'était pas l'intention des physiocrates seuls, mais aussi celle d'un certain parti parmi les adversaires de leur doctrine économique, —

---

[1] Coll. des principaux économistes, *Physiocrates*. T. I, p. LXXXV.

c'était en un mot le but, en ce qui concerne la morale, de toute cette grande école du *naturalisme* dont les physiocrates ne sont qu'une secte particulière. Cette prétention de leur part de fonder la morale sociale nous apparaîtra sous un nouveau jour lorsque nous la rapprocherons des vues analogues de leurs contemporains. Nous remarquerons que *les physiocrates* s'étaient non seulement proposé le même but que les moralistes du *naturalisme*, mais que c'était aussi sur la même base qu'ils voulaient établir la doctrine de la *vraie* morale.

En effet, nous trouvons le principe que l'intérêt personnel est l'unique base de la morale clairement exprimé chez tous les différents écrivains de la « secte des économistes », tantôt sous une forme populaire, tantôt dans un sens plus abstrait et plus théorique. C'est ainsi que Mercier de la Rivière l'exprime dans son ouvrage sur l'*Ordre naturel des sociétés politiques* (1767). « Chacun, dit-il, *éclairé par l'attention qu'il a donné à son intérêt personnel, à ses propres sensations*, est forcé de se reconnaître sujet à des devoirs ; de s'imposer l'obligation de ne point troubler les autres hommes dans la jouissance d'acquérir et de conserver, afin de n'être point aussi troublé lui-même dans la jouissance de ce droit [1]. »

L'abbé Baudeau, dans son *Introduction à la Philosophie économique* déduit toute la morale publique et privée de la même source, — du devoir qui nous est imposé de pourvoir à notre conservation, à notre bien-

---

[1] Coll. des principaux économistes, *Physiocrates*, T. II, p. 610.

être personnel, « sous peine de souffrance et de mort. »
« Se faire à soi-même, dit-il, le sort le plus heureux
qu'il est possible, c'est là ce que nous prescrit et nous
inspire sans cesse ce devoir naturel, cet attrait général
et essentiel des hommes. » L'abbé Baudeau suppose
que ce désir de se faire le sort le plus heureux ne peut
être satisfait que sous la condition d'observer la loi
naturelle de la justice et celle de la bienfaisance ; aussi
les vertus sociales ne se présentent chez lui que comme
de simples moyens de se procurer son bonheur personnel ou de multiplier les jouissances utiles et
agréables [1].

Enfin c'est aussi l'opinion d'un des fondateurs de
l'école, du marquis de Mirabeau. Voici ce que nous
lisons sur ce sujet, dans une lettre adressée à son frère,
le bailli, par cet homme à l'esprit si fertile en idées et
si original dans ses expressions : « Pour qu'un homme
naisse pour être honnête et utile, il faut que sa portion
de subsistance naisse avant lui. Pour qu'il soit tel
jusqu'au bout, il faut que cette portion dure autant
que lui ; autrement tout rejeton, soit de végétaux, soit
d'animaux, ne naît que pour la misère et en vertu des
facultés morales que l'homme reçoit en sus ajoute pour
lui le crime [2]. » Sa pensée revêt une forme plus théo-

---

[1] Coll. des principaux économistes, *Physiocrates*, T. II, p. 741.
[2] Nous avons emprunté ce fragment et quelques autres cita-
tions, très précieuses pour nous par rapport à cet écrivain, à
l'ouvrage si instructif et si consciencieux de M. de Loménie sur
Les Mirabeau (vol. II, p. 389). Il renferme non seulement beaucoup de textes très intéressants pour l'histoire des idées morales,
tirés souvent des lettres inédites du marquis ou de livres et de

rique et encore plus absolue lorsqu'il dit : « La science économique avait pour but de démontrer à tous les hommes qu'il n'est point d'état, point de position où le parti le plus honnête et le plus juste ne soit visiblement le *plus profitable* dès le jour, dès *l'instant même*, et *le mieux calculé* [1]. »

Ainsi, pour les physiocrates, de même que pour les philosophes du naturalisme, l'action vertueuse n'est qu'un calcul intéressé. Leur morale en reçoit une certaine teinte matérialiste, qui apparaît là où les physiocrates parlent d'une manière assez vague, il est vrai, — de l'*ordre physique* et du rapport des lois morales avec les lois *physiques*. Ecoutons, par exemple, le marquis de Mirabeau, déplorant devant le cercle des physiocrates la mort récente de Quesnay : « Nous avons perdu notre père, car nous lui devions tout, et nos principes, et la règle physique de nos devoirs..., et cette lumière inextinguible à jamais jetée sur la solidarité physique des intérêts humains, fraternité recommandable, base solide et presque nécessaire de celle des sentiments et des âmes que la religion nous recommande sous le nom de charité. »

Cette teinte matérialiste apparaît bien plus encore, quand les physiocrates s'efforcent de démontrer la nécessité de donner un cours plus libre aux passions : « Ne vous imaginez pas, dit Mercier de la Rivière, que

recueils extrêmement rares, mais aussi un *Exposé* très savant de la doctrine physiocrate.

[1] Tiré du *Dialogue des économistes*, publ. en 1771, voy. de Loménie, *Les Mirabeau*, T. II, p. 302.

pour parvenir à l'établissement de l'ordre naturel, il faille commencer par l'anéantissement de nos passions ; il n'appartient pas à l'humanité de pouvoir les éteindre, mais elle peut les modifier, les diriger; quoiqu'elles ne soient jamais affectées que de leur intérêt personnel, elles nous sont données cependant comme les moyens que la raison doit employer pour nous soumettre à un ordre immuable institué par l'auteur de la nature pour gouverner les hommes, tels qu'ils sont, pour faire servir à leur bonheur temporel ces deux mobiles (l'appétit des plaisirs et l'aversion de la douleur) auxquels nous avons donné le nom des passions, ou, du moins — « qui sont les germes de toutes nos passions [1]. »

La condescendance des physiocrates pour les passions, pour les besoins de l'homme *charnel*, les fait souvent réclamer contre la sévérité de la religion ; et par cette protestation contre la morale religieuse, qui exige de l'homme le sacrifice de son intérêt personnel à une loi qu'il regarde comme supérieure, les physiocrates se rapprochent quelquefois des philosophes du *naturalisme*. Ils n'ont pas le fanatisme antireligieux de ces derniers, ils se défient même de « l'excès d'esprit philosophique »; mais en général ils considèrent la morale religieuse comme insuffisante. Le marquis de Mirabeau, par exemple, reconnaît les services rendus par la religion à la morale ; « elle a, dit-il, civilisé les peuples, banni ou relégué dans l'ombre les vices brutaux, fondé les hautes espérances, élevé les âmes privilégiées jus-

---

[1] Coll. des principaux économistes, *Physiocrates*, T. II, p. 607.

qu'à la reconnaissance et l'amour de leur auteur; » mais
il ajoute que « cette instruction n'a pu préserver les sociétés contre les abus, les divisions et les catastrophes »,
et la raison de l'insuffisance de la religion est, selon le
marquis, justement le peu d'égard de la morale religieuse pour l'égoïsme des sens, puisqu'elle « n'associa
jamais l'homme *charnel*, et qui ne peut s'empêcher de
l'être, à l'homme spirituel [1] ».

Mais les physiocrates tout aussi bien que les philosophes étaient obligés d'avouer que leur nouvelle morale était encore impraticable, que, « dans la présente
constitution des choses, » l'intérêt personnel était bien
souvent opposé à l'intérêt général. Ainsi la base sur
laquelle pouvait agir la morale infaillible du calcul
personnel était encore à créer. « Il s'agit aujourd'hui, »
disait en conséquence le marquis de Mirabeau, dans ce
même passage de son *Traité sur les devoirs*, que nous
venons de citer : « il s'agit aujourd'hui de faire que
l'intérêt personnel et physique de chaque homme devienne le lien des hommes entre eux et le mobile de
tous leurs rapports. On sait assez que cet intérêt, s'il
n'est éclairé, est la pomme de discorde qui sépare les
hommes et les rend ennemis les uns des autres. Toute
la science législative et politique, tout le grand œuvre
des amis des hommes consiste donc à les éclairer tous
ur la nature de cet intérêt personnel, sur les principes
qui l'établissent, sur les conséquences qui l'étendent et
le lient aux autres intérêts et par suite à l'intérêt gé-

---

[1] Tiré de l'écrit sur *Les Devoirs*, voy. de Loménie, T. II, p. 290.

néral et enfin sur le point de réunion auquel tous les intérêts humains aboutissent. »

Pour fonder la *morale sociale*, c'est-à-dire la morale basée sur l'intérêt personnel, les philosophes du naturalisme comptaient sur la politique, sur le *véritable esprit législatif* qu'ils voulaient inaugurer par leurs écrits. Mais ils avaient des idées vagues sur les moyens de réaliser leur idéal éthico-politique. Les physiocrates agirent avec plus de méthode. Ils se posèrent comme principal but de leurs recherches « ce problème si fécond et si *satisfaisant :* Comment chaque membre de la société peut-il se faire à lui-même le meilleur sort possible en concourant infailliblement et nécessairement au bien général? » Ce problème, ils crurent l'avoir résolu avec l'aide de la science économique, ou plutôt avec l'aide de ce système économique qui leur a donné un nom dans l'histoire. Ce système leur fit entrevoir un *ordre* de choses *naturel et le plus avantageux au genre humain,* comme l'a dit Quesnay, le fondateur de leur secte ; — « un ordre social simple, constant, invariable, nécessaire et susceptible d'être connu avec évidence », ainsi que l'a écrit Le Trosne.

On connaît cet *ordre naturel* des physiocrates : ordre social, basé sur la théorie du *produit net.* Comme, selon eux, l'unique richesse des nations consistait dans le produit net que donne la terre, l'agriculture devait être la base de toutes les autres occupations, et la propriété foncière la base de tout l'édifice social et politique. De cette base dérivaient leur théorie de l'*impôt unique,* leurs principes sur la liberté du commerce et toutes les autres maximes que l'histoire de l'économie politique énumère en exposant la doctrine des physiocrates. ✗

Nous n'avons pas à nous prononcer ici sur la valeur scientifique de ce système et nous nous bornerons à relever une erreur fondamentale des physiocrates. Nous voulons parler de l'illusion que cet ordre naturel, qu'ils voulaient réaliser, fonderait l'harmonie économique, établirait la concordance entière de tous les intérêts sociaux, permettrait à chacun, « en prenant seulement son intérêt personnel pour guide, » de contribuer à l'intérêt de tous. Ils étaient persuadés qu'il était « de l'essence de *l'ordre* que l'intérêt particulier d'un seul ne puisse jamais être séparé de l'intérêt commun de tous [1] ».

Mais ce qu'il faut surtout remarquer, c'est que d'après l'opinion des physiocrates leur ordre naturel était aussi un ordre moral, que leur système, en donnant la solution de tous les problèmes économiques, impliquait aussi celle des problèmes moraux.

Ils s'imaginaient qu'aussitôt que la société serait organisée d'après la théorie du *produit net*, elle deviendrait morale et vertueuse, puisqu'il n'y aurait plus de combat entre les différents intérêts personnels, et qu'au contraire l'intérêt personnel amènerait chacun à augmenter le bonheur des autres. « Remarquez ici, s'écrie Mercier de la Rivière, quel est le prix inestimable de l'ordre simple et naturel qui vient de s'établir : chaque

---

[1] MERCIER DE LA RIVIÈRE. Coll. des principaux économistes, *Physiocrates*, T. II, p. 617.

homme se trouve être l'instrument du bonheur des autres hommes ; et le bonheur d'un seul semble se communiquer comme le mouvement. » — « L'ordre naturel et essentiel, dit-il ailleurs, n'est autre chose que la pratique des vertus sociales, mais instituée d'après l'évidence de leur nécessité absolue, de leur justice immuable, de l'intérêt que le corps social et chacun de ses membres en particulier ont à ne jamais se séparer : chacun alors voit évidemment que son meilleur état possible est inséparablement attaché à la pratique de ces vertus ; chacun est donc, pour ainsi dire, dans une impossibilité morale et sociale de n'être pas vertueux. »

Telle est la raison pour laquelle le marquis de Mirabeau célébrait l'abbé Quesnay comme « le véritable bienfaiteur des hommes », comme le maître qui est au-dessus de Socrate : car si « Socrate fit descendre du ciel la morale, Quesnay la fit germer sur la terre ». « Le calcul et la distinction des *avances* et du *produit net*, s'écrie le marquis, ne sont plus un secret pour la pauvre espèce humaine fascinée ; tout tenait à cela. Bientôt tous les hommes entendront ce calcul ; tous connaîtront leurs droits et leurs devoirs, la nécessité des rapports, la liberté qui en est la base, la propriété, qui en est le résultat, l'identité de tous les intérêts humains et l'unité du point central où tous ils se réunissent [1]. »

---

[1] Discours prononcé par le marquis de Mirabeau en 1774, dans la réunion des physiocrates, après la mort de Quesnay, devant son buste.

Ainsi ce n'est pas seulement une reconstruction des rapports économiques dans la société humaine que les physiocrates ambitionnaient, c'était aussi la rénovation morale de la société elle-même. Ils rêvaient pour l'humanité une utopie morale ; ils attendaient de leur science « qu'elle rendrait un jour les sociétés paisibles et prospères, et les hommes raisonnables et vertueux », parce qu'ils croyaient avoir trouvé « l'unité du point central où tous les intérêts se réunissent ».

Ce point central, c'était *l'intérêt agricole* basé sur la *propriété foncière*. C'est sur ce point aussi qu'ils rencontrèrent une contradiction de principe. Les physiocrates avaient des adversaires différents ; les uns attaquèrent leur théorie de l'impôt unique, les autres leur doctrine sur la liberté du commerce des grains. Tout cela n'était en somme que des points secondaires. Le pivot de la doctrine physiocratique se résumait dans la question de la propriété foncière, question qui provoqua les attaques de l'abbé de Mably. Il avait de commun avec eux le même point de départ — la théorie que l'intérêt personnel est la base de la vraie morale ; il avait aussi le même but — une utopie sociale ; comme eux il rêvait de rendre — par un système de législation — les sociétés paisibles et prospères, et les hommes raisonnables et vertueux. Mais ils différaient sur le moyen d'arriver à ce but ; pour les physiocrates, ce moyen était la propriété foncière, pour lui, — la négation de cette même propriété, — c'est-à-dire le *communisme*. Le système de Mably dérivait de leur doctrine et n'était qu'une conséquence plus logique de leur principe. En effet, si la concordance, l'harmonie de tous les intérêts personnels doit être la base du bonheur général et des vertus sociales, il semblerait plus difficile d'arriver à ce but dans une société où la propriété foncière sépare les classes et les individus, que là où la propriété commune fournit ce point central pour la réunion de tous les intérêts que les physiocrates avaient cru trouver.

L'aperçu que nous venons de donner de la théorie morale des philosophes du *naturalisme* et des *physiocrates* était nécessaire pour expliquer la doctrine de Mably. Non seulement il existe un lien général entre toutes ces différentes écoles morales, mais les ouvrages de Mably ont été écrits en vue des philosophes et des physiocrates et quelquefois même pour les combattre directement. C'est ainsi que les *Entretiens de Phocion* sont dirigés contre l'*Esprit* d'Helvétius ; les *Principes de morale* [1] ont été écrits bientôt après le *Système de la nature ;* ses *Doutes proposés aux philosophes économistes sur l'ordre naturel et essentiel des sociétés politiques* (1768), sont une polémique directe contre l'ouvrage de Mercier de la Rivière ; le *Traité de législation* publié en 1776 avait pour but de proposer un ordre social opposé à l'idéal des physiocrates.

---

[1] Les *Principes de morale* furent publiés par Mably en 1784, mais l'ouvrage a dû être composé en 1773 ou 1774, car il y est fait mention de la bulle de Clément XIV, datée du 21 juillet 1773, qui supprimait la société de Jésus ; d'un autre côté, Mably y parle de la guerre entre les Anglais et les Américains comme *certaine* et les premières hostilités en Amérique eurent lieu au printemps de 1775.

4

Mably construit sa théorie morale et son idéal social sur la même base que les philosophes de la morale naturelle et les physiocrates, mais il les combat sur des points très essentiels de leur doctrine; et ces points de divergence fournissent la meilleure critique de cette mémorable tentative du XVIIIe siècle de fonder la morale sur l'intérêt personnel. Mably s'éloigne des philosophes du *naturalisme* surtout dans deux questions capitales : il s'élève contre leur fanatisme antireligieux et développe une théorie sur les passions opposée à la doctrine sensuelle d'Helvétius; quant aux physiocrates, il existe plus d'un rapport entre eux et lui: ainsi nous retrouvons chez lui, mais bien plus développée, cette idée des physiocrates que la morale religieuse est insuffisante parce qu'elle ne peut satisfaire l'homme *charnel;* Mably se range du côté des physiocrates dans leurs attaques contre le luxe et le capital; comme eux il y voit la plus grande source de la corruption sociale; l'opinion de l'*Ami des hommes* que le luxe « est l'ennemi du travail utile » et sa *boutade* contre le rentier, « cet oisif qui jouit et auquel la plupart des maux de la société sont dus », rendent exactement le sentiment de Mably sur ce point. Comme les physiocrates, il veut que l'agriculture soit *honorée;* c'est sur elle qu'il veut fonder *l'ordre naturel* des sociétés; il s'écarte, cependant, des physiocrates en un point essentiel : l'exclusion de la propriété foncière dans cet ordre naturel.

Mais avant d'entrer dans le développement des doctrines de Mably il est nécessaire de rappeler qu'il eut un prédécesseur chez lequel se retrouvent, au moins en germe, la plupart des idées érigées par lui en système. C'était Morelly, l'auteur d'un roman intitulé : *Les îles flottantes* ou *la Basiliade* et du *Code de la nature ou le véritable esprit de ses lois de tous temps négligé ou méconnu*, 1755, travail anonyme longtemps attribué à Diderot. La tendance générale des philosophes qui voulaient fonder la morale naturelle était de la déduire du sentiment le plus *naturel* à l'homme, l'intérêt personnel ; mais, comme ils ne pouvaient dissimuler que cet intérêt personnel dévie souvent de la morale, ils prenaient à partie la religion et les institutions, et ils exigeaient que la législation établît l'harmonie entre l'intérêt personnel et l'intérêt général. De tout cela naquit un double problème : la précision de cet ordre social, qui devait être le but de la législation, et la preuve que sous la mauvaise influence des institutions en vigueur l'égoïsme n'aurait que contribué, immédiatement et infailliblement, au bonheur général. Avant qu'Helvétius eût terminé son ouvrage sur l'*Esprit*, si péniblement élaboré, Morelly s'empara de ce double problème et le résolut avec une admirable netteté de vue quoiqu'il ne possédât le talent ni de donner à ses paradoxes une forme attrayante, comme Rousseau, ni de les étayer au moins par un raisonnement méthodique, comme Mably. Morelly débute par un défi à tous les moralistes anciens et modernes et à tous les législateurs qui l'ont précédé : il a, selon son expression, découvert « le premier chaînon de leur erreur ; » cette proposition, *que l'homme naît méchant et vicieux.* « Non, leur répond Morelly, c'est la situation où l'homme se trouve qui l'expose inévitablement à devenir pervers. »

Ceci posé, Morelly marche clairement vers son but : « Aucun, s'écrie-t-il, ne s'est imaginé qu'il en pouvait être autrement ; aucun par conséquent ne s'est avisé qu'on pouvait proposer et résoudre cet excellent problème : *trouver une situation dans laquelle il soit presque impossible que l'homme soit dépravé ou méchant* [1]. » Dans un autre endroit de sa dissertation il formule ce problème de cette manière : « Trouver une situation, dans laquelle l'homme soit aussi heureux et aussi bienfaisant qu'il le peut être en cette vie [2]. »

Nous allons examiner quelle est cette situation : Morelly l'a trouvée dans la république de Platon et dans l'utopie de Morus. Mais il la modifie, et l'intérêt principal que présente la modification de cette utopie consiste dans le côté moral de sa doctrine socialiste. Il tient à prouver que cette situation nouvelle qu'il cherchait n'était autre que la liberté rendue à l'homme de suivre sa nature.

Si l'intérêt personnel ou *l'amour de soi-même*, comme s'exprime Morelly, « est devenu une hydre à cent têtes », c'est la faute des institutions qui ont corrompu l'égoïsme, qui ont « environné ce paisible penchant d'une multitude de difficultés presque insurmontables. » Est-il étonnant de le voir devenir furieux et capable des plus horribles excès? « Est-il étonnant de voir cet amour de

---

[1] Diderot, *OEuvres philos.*, éd. de 1773, T. II, p. 329.
[2] *Ibid.*, p. 433.

nous-mêmes ou se transformer en tous les vices, contre
lesquels vous déclamez vainement, ou bien prendre le
masque des vertus factices que vous prétendiez lui
opposer? »

L'amour de soi-même, avant que les institutions ne
l'eussent corrompu, n'était, selon Morelly, « qu'un désir constant de conserver son être par des moyens faciles
et innocents, » d'où sortait naturellement le bonheur
général. Pour Morelly, comme pour les philosophes du
naturalisme et pour les physiocrates, il existe un rapport intime entre l'ordre physique et l'ordre moral.
Comme les derniers, Morelly affirme que l'un et l'autre
ont été établis par Dieu : « Dieu, dit-il, a établi à l'égard
des actions des hommes, comme dans l'ordre physique
du monde, une loi générale, un principe infaillible de
tout mouvement. Comme il a livré les êtres inani-
més à un mouvement aveugle et mécanique, il a de
même livré les hommes à ce guide qui les pénètre, pour
ainsi dire, et les possède tout entiers. C'est le sentiment
de l'amour de nous-mêmes, impuissant, sans secours,
qui nous met dans l'heureuse nécessité d'être bienfai-
sants. Notre faiblesse est en nous comme une espèce
d'inertie; elle nous dispose, comme celle des corps, à
subir une loi générale qui lie et enchaîne tous les êtres
moraux. La raison, quand rien ne l'offusque, vient
encore augmenter la force de cette espèce de gravitation [1]. »

Ainsi l'harmonie sociale est un effet aussi inévitable

[1] DIDEROT, *OEuvres philos.*, éd. de 1773, T. II. p. 398.

de l'égoïsme individuel que l'harmonie des astres un effet de la loi de la gravitation. «Il est incontestable, dit Morelly, que le motif ou la fin de toute action humaine est le désir d'être heureux ; il n'est pas moins certain que ce désir est un effet de notre *sensibilité*; or, il faut que pour nous mettre promptement et efficacement en devoir d'obéir à ses lois, cette sensibilité nous fasse d'abord sans délibération, sans examen, rapporter à nous-mêmes et imaginer que tout est fait pour nous et que sans nous tout ce qui existe serait inutile. »

Selon Morelly, c'est justement de la force de l'égoïsme et de la véhémence même de ce sentiment que la Providence tire le principe de toute harmonie sociale. Pour expliquer ce fait, Morelly ne se donnait pas trop de peine : il affirmait simplement ce qu'il avait entrepris de prouver. « L'homme, dit-il, veut toujours et invinciblement être heureux ; son impuissance l'avertit sans cesse qu'il ne le peut être sans communication de secours ; il est aussi informé qu'il est une infinité d'êtres possédés du même désir que lui ; il est à chaque instant convaincu que son bonheur dépend de celui des autres et que la *bienfaisance* est le premier et le plus sûr moyen de sa félicité première et le plus sûr moyen de sa félicité présente [1]. »

Mais en même temps que Morelly attribue à l'homme la conviction que la bienfaisance est le plus sûr moyen de sa félicité présente, il pose, sans se troubler, cette

---

[1] DIDEROT, *OEuvres philos.*, éd. de 1773, T. II, p. 415.

question : Pourquoi donc l'homme, sourd à ces conseils, en écoute-t-il de diamètralement opposés à sa félicité ? — C'est que la morale vulgaire, ainsi que la politique, répond Morelly, ont renversé et corrompu l'ordre établi par la nature ! « La nature avait distribué les forces de l'humanité entière entre tous les individus de l'espèce *avec différentes proportions* pour lier les hommes par la réciprocité des secours ; mais, en même temps, elle leur avait indivisiblement laissé la propriété du champ, producteur de ses dons. » « Le monde, prétend Morelly, est une table suffisamment garnie pour tous les convives, dont tous les mets appartiennent, tantôt à tous, parce que tous ont faim, tantôt à quelques-uns seulement, parce que les autres sont rassasiés ; ainsi personne n'en est absolument le maître, ni n'a droit de prétendre l'être. »

Mais au lieu de suivre les intentions de la nature, les premiers législateurs s'en sont écartés ; « c'était sur le partage des forces de l'humanité qu'ils devaient régler les devoirs et les droits de chaque membre ; les rangs, les dignités, les honneurs devaient être mesurés sur les degrés de zèle, de capacité, sur l'utilité des services de chaque citoyen ; mais au lieu de distribuer les devoirs selon les forces des hommes, les législateurs ont partagé le champ commun et ont ainsi créé la propriété. C'est donc la propriété qui a rompu l'harmonie sociale, qui a corrompu l'amour de soi-même et d'un sentiment bienfaisant l'a rendu un sentiment hostile aux autres. Sans la propriété, il n'y aurait pas de vices. Qui s'aviserait de vouloir dominer là où il n'y aurait point de propriété ? [1] » Dans un autre endroit Morelly prétend que sans la propriété l'ambition aurait été non le désir de subjuguer ou d'opprimer les hommes, mais celui de les surpasser en industrie, en travail, en diligence ; même l'envie n'existerait pas sans la propriété, puisque « ce vice, tout honteux qu'il est, n'en veut qu'à ce qui ne peut nous être utile et ne peut exister que là où la vanité s'est appropriée et le nom et les avantages du mérite. » Mais le vice fondamental, créé par la propriété, — c'est l'avarice. « Tous les autres vices, dit Morelly, ne sont que des tons, des degrés de celui-ci ; c'est le Protée, le Mercure, la base, le véhicule de tous les vices. Analysez la vanité, la fatuité, l'orgueil, l'ambition, la fourberie, l'hypocrisie, le *scélératisme*; décomposez de même la plupart de nos vertus sophistiques, tout cela se résout en ce subtil et pernicieux élément, le désir d'avoir, vous le retrouverez au sein même du désintéressement. »

Or cette peste universelle, l'intérêt particulier, cette fièvre lente, cette étisie de toute société, aurait-elle pu prendre où « non seulement elle n'eût jamais trouvé d'aliment, mais encore le moindre ferment dangereux ? » Et au lieu de prouver sa thèse que le partage des terres a été la première cause du désir de posséder, et qu'avant ce partage le désir était inconnu à l'homme, Morelly donne triomphalement sa conclusion : « Je crois qu'on ne contestera pas l'évidence de cette proposition : que là où il n'existerait

---

[1] Diderot, *OEuvres philos.*, éd. de 1773, T. II, p. 351.

aucune propriété, il ne pourrait exister aucune de ses pernicieuses conséquences. » Le résultat de toute cette argumentation était donc bien simple : puisque la morale et la législation vulgaire « s'étaient établies sur les ruines des lois de la nature, il fallait entièrement détruire celles-là pour rétablir celles-ci [1]. Et comme l'ordre naturel a été renversé par l'établissement de la propriété, il fallait, pour rétablir *l'ordre naturel*, abolir la propriété foncière. Cette abolition était, aux yeux de Morelly, identique avec la résurrection morale de l'humanité. « Je dis, — ce sont ses propres paroles, — que, délivré de ce tyran, il est impossible, de toute impossibilité, que l'homme se porte à des forfaits, qu'il soit voleur, assassin, conquérant [2]. » On sait que Morelly ne voulait pas seulement être le réformateur moral de l'humanité, mais aussi le législateur de *l'ordre naturel*, et que pour redresser les fautes des premiers législateurs il a tracé, dans la quatrième partie de son ouvrage, un modèle de *législation conforme aux intentions de la nature*. Nous ne nous arrêterons pas sur ce *Code de la nature*, et nous n'avons qu'à indiquer de quelle manière Morelly se représentait la transition de l'état actuel de la société à l'ordre naturel. Il ne demandait aux « mortels faits pour régir les nations » que de laisser aux vrais sages pleine liberté d'attaquer les erreurs et les préjugés qui soutiennent l'esprit de propriété; ce monstre terrassé, il ne resterait qu'à for-

---

[1] DIDEROT, *Œuvres philos.*, éd. de 1773, T. II, p. 345.
[2] *Ibid.*, p. 407.

tifier par l'éducation cette heureuse réforme, et alors, dit-il, il ne serait plus difficile de faire adopter aux peuples des lois à peu près pareilles à celles que contenait son *Code de la nature*.

Ce résumé de la doctrine de Morelly montre qu'elle n'était, pour ainsi dire, que la théorie morale des physiocrates, mais comprise dans un sens inverse, et que toutes les deux avaient leur racine dans la théorie de la morale du *naturalisme*. Les moralistes de cette école prétendaient à l'identité de la vertu et de l'intérêt général avec l'intérêt personnel ; ils affirmaient que si cette identité disparaissait quelquefois, c'était par la faute de la religion et des institutions politiques, et qu'il était du devoir de la législation de fonder un état de choses où cette identité pût se réaliser sans obstacles. Les physiocrates tiraient la conséquence de cette supposition : ils s'imaginèrent avoir trouvé à l'aide de la théorie économique du *produit net* cet ordre naturel où tous les intérêts seraient réunis et l'harmonie sociale pleinement réalisée.

Cet ordre naturel était basé sur la propriété foncière. Mais une telle théorie devait naturellement faire naître l'objection que cette propriété est plutôt un principe de division, et que s'il y a un ordre social, où tous les intérêts particuliers soient confondus dans un intérêt général, il faudrait le chercher dans un état social qui précéderait le partage des terres, en un mot, dans un ordre basé sur la propriété commune. Comme nous l'avons dit, Morelly avait émis cette idée avant que la théorie des physiocrates se fût répandue, et c'est peut-être aussi la raison pourquoi il ne l'avait pas développée systématiquement. Il se défend, contre les objections de la *morale vulgaire*, mais il n'entre pas en lice avec les moralistes qui, comme lui, opposent à cette morale vulgaire la morale naturelle. De là, l'intérêt qui s'attache aux théories de Mably. Comme utopiste social, il ne fait que suivre les idées de Morelly, bien qu'il n'en fasse jamais mention : mais il écrit après la tentative d'Helvétius de fonder la vertu sur l'intérêt personnel pris dans le sens le plus matérialiste, et après celle des physiocrates qui voulaient prouver que la morale et le bonheur de l'humanité dépendaient du succès de la théorie du produit net. Il entre en polémique avec les deux écoles rivales tout en admettant leur principe fondamental : la théorie de l'identité de l'intérêt général avec l'intérêt personnel. De là le double intérêt que nous présentent ses ouvrages : d'une part, l'intérêt littéraire et historique, parce qu'ils sont la polémique d'un contemporain contre la philosophie du naturalisme et de celle des physiocrates ; de l'autre, l'intérêt philosophique, puisque l'utopie sociale de Mably est, par elle-même, la meilleure critique du naturalisme, en ce qu'elle prouve que ce système devait logiquement aboutir dans la morale à une utopie éthico-sociale incompatible avec la nature humaine.

Passons maintenant à l'exposition de la doctrine morale de Mably et examinons en quoi il est d'accord avec les *philosophes* et en quoi il s'éloigne d'eux. Le premier point de dissentiment à signaler est le point de vue sous lequel il envisage le rapport entre la morale naturelle et la religion.

Comme moraliste l'abbé de Mably partait aussi de l'idée que le bien général de l'humanité était la vraie source de la morale, et dès lors il ne pouvait se contenter de la morale fondée sur la religion ; il veut une morale *naturelle*, pour ainsi dire, *laïque*, mais sans se passer cependant de l'appui que la religion prête à la morale.

Dans sa pensée, la morale religieuse n'est point proportionnée à la nature de l'homme, ce qui a causé une grande partie de nos préjugés et de nos malheurs. Selon Mably, les moralistes qui prenaient la religion pour point de départ, affirmaient avec raison que l'homme a des devoirs à remplir envers Dieu, envers son prochain et envers soi-même ; mais de cette vérité ils tiraient, selon lui, des conséquences fausses et dangereuses. Ils ne doutèrent pas, dit-il, que toutes les lumières du sens commun ne fussent éteintes, si l'on plaçait les devoirs que chaque homme se doit à lui-même, à la tête de tous les autres et qu'on assignât un rang subalterne à ce que nous devons à notre prochain. « Ils auraient cru se rendre coupable de blasphème et du dernier excès d'impiété que de ne placer Dieu, qui est le premier principe et le dernier terme de tout, qu'après ses créatures. »

« La conséquence de ces principes était qu'on plaçait la piété, c'est-à-dire les pratiques religieuses à la tête de toutes les vertus, et qu'on donnait un prix infini à des cérémonies indifférentes par elles-mêmes, et qui n'étaient utiles que parce qu'elles rappelaient les hommes à l'idée d'un être supérieur qui voit tout, qui connaît tout et qui nous récompensera ou nous punira suivant que nous l'aurons mérité [1]. » Les chrétiens eux-mêmes, dit Mably, n'étaient pas exempts d'erreurs pareilles. On a persécuté quelquefois son prochain pour plaire à Dieu et les peuples ont été les dupes du zèle fanatique ou de l'ambition et de l'avarice des grands qui les menaient au combat. Les moralistes chrétiens, continue Mably, n'avaient pas toujours le sens droit et la vertu de l'abbé Fleury, qui ne les sépare jamais. Les uns n'ont point reconnu nos passions, quand elles se sont déguisées sous le voile de la religion ; les autres, par une rudesse d'esprit qui peut séduire la multitude, nous ont presque appris à mépriser ces vertus simples et humaines dont la société ne peut se passer. Ces faux moralistes voudraient que nous fussions des cénobites durs, sauvages, cruels pour nous-mêmes et inutiles aux autres.

Pour mieux développer sa pensée, Mably fait la critique de la doctrine de Malebranche, dont le traité de morale n'est pour lui qu'un « mélange de théologie, de métaphysique et de dévotion qui l'embarrasse ». Il faut réellement se rappeler cette doctrine, qui était juste le contraire du naturalisme en psychologie et en morale, pour mieux comprendre la genèse et les écarts de ce dernier système. En respectant le génie et les vertus de Malebranche, Mably lui reproche son principe que toute disposition d'amour corrompt l'âme et la rend digne de

[1] *Principes de morale*, p. 273.

la haine de Dieu si son objet est la créature, et qu'au contraire cette même disposition d'amour la rend juste et agréable à Dieu si c'est le créateur qui en est l'objet. Mably dit que par cette assertion Malebranche ne se fait pas mieux comprendre que quand il veut prouver que « nous voyons tout en Dieu ». — « Une doctrine si sublime et qui vraisemblablement n'est point entendue par les docteurs mêmes qui la débitent, n'est pas la morale que Dieu destine à gouverner les hommes. Cette doctrine peut faire quelques hommes vertueux par eux-mêmes, amis de la retraite et inutiles à la société, mais ne peut produire aucun effet durable et constant dans la société. » — « Ne soyons donc pas étonnés, conclut Mably, que des pays où la métaphysique dévote de Malebranche serait reçue bientôt, ne valussent pas mieux et peut-être même valussent moins que ceux où des philosophes, moins subtils, ont prêché des vertus plus humaines. Ces sages enseignaient tout bonnement à leurs compatriotes que les vertus qui font les bons citoyens, les bons pères de famille, les bons amis, les bons maîtres et les bons serviteurs, sont les premières vertus ; et que le meilleur moyen de mériter la faveur du ciel, c'est d'être utile aux hommes. »

Mais si Mably préfère la morale humanitaire à la morale religieuse, s'il met les vertus sociales bien au-dessus des vertus monacales, il tient pour insuffisant tout système de morale qui veut se passer de religion. L'idée d'un Dieu personnel, la foi dans la Providence qui récompense et punit les hommes est, selon lui, indispensable pour le bonheur des hommes et pour le maintien de l'ordre moral dans la société. Dieu est pour lui le premier et le souverain magistrat du monde, qui ne peut être suppléé par aucune magistrature politique: il est le lien qui unit les hommes; sans lui plus de confiance entre les humains et aucun repos dans le monde. « Il doit être le premier garant du pacte que les hommes ont fait en entrant en société, et ce n'est que sur la foi de cette garantie, que les hommes peuvent compter sur la foi de leurs concitoyens. Il reste consolateur de tous ceux qui sont opprimés par la justice humaine et que leur innocence pourra rendre heureux au milieu des malheurs s'ils peuvent appeler de la méchanceté ou de la sottise des hommes au tribunal de la sagesse divine. »

Cette chaleureuse défense du principe religieux dans la morale nous explique la vivacité avec laquelle Mably combat les philosophes « persuadés que la philosophie consiste à mépriser la superstition et que toute religion n'est qu'une superstition vaine et barbare ». Le chapitre de son traité de la *Législation* qu'il consacre à cette polémique est la meilleure partie de cet ouvrage utopiste et mérite d'être médité. Opposé aux déclamations que les philosophes du xviiie siècle débitaient avec une incroyable légèreté, en mettant sur le compte des religions tous les maux de l'humanité, Mably tend à prouver que les religions même les plus superstitieuses avaient encore une influence salutaire sur la moralité des hommes qui les suivaient. Mais c'est surtout par un argument *ad hominem* dirigé contre ces philosophes eux-mêmes, qu'il cherche à prouver sa thèse de la nécessité des croyances religieuses pour la morale. Mably soulève la

question tant de fois discutée au XVIII° siècle, depuis que
Bayle l'avait posée, celle de savoir, si une république
d'athées pouvait subsister, — question que le *Système
de la nature* venait (1770) de discuter sous une nouvelle
forme en demandant si un peuple tout entier pouvait
devenir athée. Pour répondre à cette question, Mably
imagine une colonie fondée par quelques princes pour
tous les athées du monde et où l'athéisme est déclaré
religion d'État. Il donne à ses lecteurs le « beau discours » qu'un consul ou tribun du peuple prononcerait
à cette occasion et après lequel la diète nationale por-
terait une loi pour ordonner aux pères d'enseigner à
leurs enfants qu'il n'y a point de Dieu et que les igno-
rants ont appelé de ce nom effrayant une certaine harmonie, un certain mouvement, un certain rapport, etc.

Mably affirme que les citoyens d'une pareille république n'imiteront pas les athées dispersés dans toute
l'Europe et qui, s'ils ont de la probité, s'ils dérogent quelquefois aux principes de leur philosophie, le doivent à
l'éducation qu'ils ont reçue et à l'influence de l'opinion
publique qui leur impose ses lois. Le système de récompenses et de peines ne pourra jamais suppléer dans
une république d'athées à cette influence morale; les citoyens d'une telle république se moqueraient des récompenses qu'on leur présenterait pour les inviter au bien
et ne se laisseraient pas retenir par la crainte des châ-
timents.

« Si même, à force de gibets et de roues, dit Mably,
la république de Bayle parvenait à empêcher les grands
crimes, jamais elle ne pourrait faire naître cette honnê-

teté de mœurs qui rend les hommes délicats et scrupuleux. Bientôt chacun tremblerait en voyant que ses intérêts les plus chers, son repos, sa fortune et sa vie sont confiés à une canaille dont il faudrait continuellement se défier. » Les magistrats eux-mêmes abuseraient de leur autorité pour servir leurs passions et feraient des lois injustes qui hâteraient la ruine de l'État.

L'argumentation de Mably est souvent fine et spirituelle, mais elle emprunte trop à la parodie et ne présente une solution ni complète ni définitive. Il part toujours de la supposition que les citoyens de sa république d'athées prêchent le principe que toutes les actions sont égales, qu'il n'y a ni justice ni injustice, ni vertu ni vice, qu'il n'y a aucune différenne pour le mérite personnel entre Caton et Catilina. Il est vrai que les ouvrages des matérialistes ses contemporains et leurs déclamations contre la morale chrétienne lui fournissaient souvent l'occasion de leur attribuer ce principe, mais Mably tournait, pour ainsi dire, la question principale, qui était de savoir si, en psychologie, l'athéisme et le matérialisme étaient compatibles avec des principes idéalistes en morale, et si des principes de vertu publique et privée pouvaient avoir assez d'influence morale sur une masse imbue de doctrines athées et matérialistes.

Mais, s'il ne faut pas chercher chez Mably une solution générale de la question qu'il discute, il y a cependant chez lui des traits et des réflexions dont l'importance dépasse quelquefois les préoccupations de son temps. Ce qu'il dit sur le système d'éducation des

enfants dans une république d'athées et de matérialistes, « sur ce catéchisme qui devra porter la lumière
dans l'esprit des enfants et les prémunir contre l'erreur
qui leur est naturelle, » est digne d'une sérieuse considération. Le portrait qu'il donne « d'un petit athée de
huit à dix ans » est une noble protestation contre
une éducation dénaturée, imaginée, comme il le dit,
« par des philosophes qui connaissaient tout, hors les
hommes au milieu desquels ils vivent. »

Mably arrive à cette conclusion qu'une république
d'athées, si ses citoyens ne se déchirent bientôt de leurs
propres mains, sera désabusée de ses erreurs avant la
quatrième génération et qu'« elle verra s'y établir des
dogmes, des prêtres et des cérémonies religieuses ».
Certes, si les adversaires de Mably, comme Grimm, par
exemple, se moquaient souvent avec raison de « ses
oracles sur la science de la politique », cette fois du
moins ses assertions eurent le caractère d'une pro-
phétie. Moins de vingt ans après la publication du
traité de Mably, la France vit des législateurs essayant
de fonder une république athée et matérialiste, et, bien
avant la quatrième génération, elle vit des magistrats
qui favorisèrent par politique l'institution d'une nouvelle
religion « avec des dogmes, des prêtres et des cérémonies ».

Mably considérant l'athéisme comme « plus funeste
aux hommes que la guerre, la famine et la peste », on
ne sera pas étonné de le voir lui opposer des châti-
ments pour l'intimider et l'empêcher de corrompre la
société. S'il admet encore une certaine tolérance pour

les opinions personnelles, il demande des peines sévères contre « les insensés qui dogmatisent et travaillent, soit en public, soit en secret, à se faire des complices et des disciples ».

Tout cela rappelle le *Contrat social ;* mais c'était plutôt une réminiscence de Platon, pour qui Mably professait le plus grand respect et qu'il suivait souvent dans sa morale et dans sa politique. Du reste, si Rousseau demandait la peine capitale pour le contempteur de la religion civile, Mably se contente de la prison perpétuelle. Nous signalerons une différence bien plus grande encore entre Rousseau et Mably. La religion civile du premier était le déisme ; Mably le combat avec un acharnement presque aussi violent que l'athéisme. Il place les *déistes*, au moins ceux « qui nient l'action de la Providence dans la vie des hommes et qui croient qu'un même sort attend les gens de bien et les méchants après la mort », dans la même catégorie que les matérialistes. L'effet de ces différentes opinions est selon lui le même pour la société, puisqu'elles suppriment également toute relation entre Dieu et les hommes. C'est pourquoi Mably est persuadé que la religion, pour être utile aux hommes, doit être accompagnée d'un culte autorisé, tangible et public, avec des prêtres pour en régler l'ordre et les cérémonies. En démontrant la nécessité d'un culte public, Mably rappelle, mais dans un style bien différent, l'éloquence religieuse de Lamennais [1].

[1] Voyez, par exemple, les *Paroles d'un Croyant*, chap. xviii.

« Dieu, dit-il, n'a pas besoin de nos sacrifices, il se suffit à lui-même ; mais il nous importe, mais nous avons besoin de lui rendre nos hommages. S'il exige des temples, des autels, un culte, ce n'est pas pour lui mais pour nous. C'est parce qu'il nous a faits pour vivre en société, c'est parce qu'il veut se rendre le garant de la foi que nous promettons, que sa censure nous est nécessaire et qu'il l'exerce sur nous [1]. »

Mais si Mably se défiait d'une morale sans religion, il craignait tout autant la prédominance des motifs purement religieux ou théologiques en morale, et il voulait fonder la *vraie* morale sur les besoins de la société et sur les rapports nécessaires des hommes entre eux. Ainsi les commandements de Dieu en morale se confondent-ils pour lui avec les lois de la nature, et ce qu'il dit de Dieu, il le dit ailleurs de la nature. Après avoir prouvé dans ses *Principes de Morale* que l'homme a besoin pour son bonheur des secours d'autrui et qu'en vue de ce même bonheur il est forcé de respecter les droits des autres, Mably s'écrie : « Voilà le traité d'alliance perpétuelle que la nature a rendu nécessaire parce qu'elle voulait nous réunir en société. Tous les hommes doivent l'observer religieusement puisqu'il lie, unit et confond le bonheur général de la société et le bonheur particulier de chaque citoyen. C'est donc de là que je dois tirer toutes les règles de la morale [2]. » — « La nature, lisons-nous encore dans son essai sur le *Développement de la Raison* [3], a constitué

---

[1] *De la Législation ou Principes des Lois*, p. 322, 326, 359.
[2] *Principes de Morale*, p. 280.
[3] *Développement de la Raison*, p. 17.

l'homme de telle manière qu'il ne peut réellement trouver son bonheur particulier que dans le bonheur général. Voilà la source commune où nous devons tous puiser, si nous ne voulons pas être les dupes de quelques plaisirs faux, sujets à de terribles retours, ou sacrifier un bonheur véritable à de vaines espérances qui ne nous en présentent que le fantôme fugitif. »

Nous voyons ainsi qu'après toute sa polémique contre les moralistes athées et les déistes, Mably adopte au fond le même système de morale. Du moins, c'est le même point de départ et le même but ; c'est le même motif qui porte l'homme individuel à la vertu, et pour la société les mêmes moyens de consolider cette vertu.

De même qu'Helvétius et d'Holbach, Mably reconnaît la source de la vraie morale dans l'intérêt personnel ; les devoirs que l'homme se doit à lui-même doivent être placés, selon lui, en tête de tous les autres. Réfutant la doctrine des « anciens philosophes qui nous invitaient, en nous prêchant une sorte d'abnégation de nous-mêmes, à nous sacrifier au bonheur de nos concitoyens, il affirme qu'ils étaient encore bien éloignés du véritable et premier principe de la morale. Ils parlaient un langage étrange pour un être qui s'aime nécessairement, qui veut sans relâche être heureux, qui rapporte tout à lui et qui, dans toutes ses actions, consulte son avantage particulier». D'après lui, le moraliste éclairé doit dire à l'homme : « Vous êtes fait pour travailler à votre bonheur, vous devez le préférer à tout, c'est là votre règle, c'est là votre boussole. Si vous pouvez vous suffire à vous-même, si votre bonheur ne dépend que de vous, ne songez qu'à vous ; que tout le reste soit à votre égard comme s'il n'existait pas ; quand vous serez satisfait, vous aurez rempli tous vos devoirs [1]. »

Ce langage est clair et précis ; le *Système de la Nature* n'aurait pas pu mieux dire. Après avoir établi son premier principe, Mably cherche à prouver à l'homme que, faible, borné, ne pouvant suffire seul à ses besoins, il est obligé de se fuir quelquefois pour se retrouver avec plus d'avantages, que, forcé de se servir de mains étrangères pour élever l'édifice de son bonheur, il ne doit donc jamais oublier qu'il ne peut travailler à cette grande œuvre qu'avec le secours d'autrui. « Vous êtes homme ; mais je le suis aussi et nos droits sont égaux. Si vous me blessez, je vous offenserai. Entrons donc en négociation, ne cherchons point à nous tromper ; plus nos conditions seront égales, plus nos secours mutuels nous seront avantageux ; je défendrai votre bonheur et vous défendrez le mien. »

Ce discours pourrait bien n'être pas aussi persuasif que le premier, mais au moins l'intention du moraliste est bien évidente ; il veut prouver que l'intérêt personnel est pour l'homme le seul motif d'être juste et bienveillant pour les autres ; selon Mably, cet intérêt peut même induire l'homme à se fuir quelquefois, c'est-à-dire à sacrifier son intérêt, mais seulement pour le reprendre avec plus d'avantage. Ainsi l'intérêt personnel devient la source de l'intérêt public, du désir

[1] *Principes de Morale*, p. 280.

du bien général. Ce désir du bien général, c'est la vertu, et il n'y a pas d'autre vertu que le penchant vers le bonheur public. Mais, comme il pourrait se trouver des hommes incapables de comprendre ce raisonnement, des hommes qui, en croyant que leur intérêt n'a aucun rapport avec le bien public, voudraient se faire un bonheur à part, c'est à la législation, à la politique d'y porter remède. Elle doit trouver les moyens de constituer cette harmonie entre l'intérêt personnel et le bien public, qui est le vrai et le seul motif de la vertu. Pour atteindre ce but, « le législateur peut être revêtu de tout le pouvoir que donne la justice, et le salut de la république doit devenir sa suprême loi [1]. » Dans un pareil cas, Mably approuve non seulement la force, mais il met encore tout son espoir dans « la *sainte violence* qui arrache les citoyens par force à leurs vices ». Ainsi la morale aboutit à la politique et cette dernière s'identifie avec la morale. Dans ses ouvrages sur la politique, il cherche à établir qu'elle ne peut travailler efficacement au bonheur de la société qu'autant qu'elle s'allie aux règles de « la plus exacte morale [2] ». En confondant la morale et la politique, il espère, comme l'auteur du *Système de la Nature*, créer « la vraie science politique », c'est-à-dire faire « de la science la plus conjecturale et la plus incertaine une science soumise à des règles aussi sûres que simples ».

Malgré tous les points analogues que nous avons relevés entre Mably et les philosophes du *naturalisme*,

<hr>

[1] *Entretiens de Phocion*, p. 195.
[2] *Ibid.*, p. 14.

le premier arrive à un système tout à fait différent. Quoiqu'il parte, lui aussi, de l'intérêt personnel, quoiqu'il répudie avec la morale religieuse la doctrine morale des stoïciens comme une « chimère infructueuse » qui pose à l'humanité un idéal impossible, il aboutit lui-même à un système qui demande à l'homme plus de sacrifices, plus d'abnégation, que l'esprit monacal et la doctrine de Zénon. Tandis que les stoïciens s'adressaient seulement aux *sages* et que les cénobites invitaient à fuir le monde ceux qui n'y trouvaient plus leur bonheur, le communisme moral de Mably est destiné au monde entier et se présente comme un avenir qui doit être tout réalisé par la force coercitive des lois. Cet idéalisme extrême dans un système qui veut fonder la morale sur le principe matériel de l'égoïsme, et qui ne connaît d'autre motif de vertu que le désir du bonheur, donne à l'utopie de Mably un grand intérêt pour l'histoire des idées morales.

Si nous demandons comment, en partant de l'intérêt personnel comme Helvétius et les autres philosophes matérialistes, il a pu arriver à un résultat si différent, nous en trouverons deux raisons principales : Mably se faisait de la nature humaine une idée différente, et sa raison se refusait à accepter les notions vagues et souvent contradictoires sur le bonheur qu'il rencontrait chez ses adversaires.

Quant à la nature humaine, il était convaincu que l'homme « était composé de deux substances aussi différentes que l'esprit de la matière, entre lesquelles la nature avait établi des relations constantes et nécessaires [1]. » D'où il tirait la conséquence « que la morale travaillant à notre bonheur devait toujours penser à cette nature de l'homme, composée de parties différentes, et chercher à les *concilier* ». Ainsi le bonheur que cherchait Mably était tout autre que celui dont parlaient les philosophes sensualistes. Si, pour eux, la source primitive du bonheur était le plaisir des sens et l'absence de la douleur, lui considérait le bonheur comme « une espèce de paix de l'âme souvent troublée par la révolte des sens ». A ce point de vue, les passions humaines jouent chez Mably le rôle principal, et ajoutons aussi qu'elles étaient la grande difficulté de son système ; et, en effet, c'est une question à laquelle il revient sans cesse, qu'il traite séparément dans plusieurs ouvrages, dans les *Entretiens de Phocion*, dans le *Traité de la Législation*, dans les *Principes de la Morale*, et enfin dans l'ouvrage posthume *Du cours et de la marche des passions dans la société*. Sa doctrine sur les passions est la clef de tout son système moral, et lui a inspiré son utopie sociale, qu'on ne peut exactement apprécier sans connaître ce qu'il a pensé sur les passions. Cette question se présentait naturellement à tout moraliste qui voulait fonder la morale sur l'intérêt ou sur le bonheur personnel, et par conséquent elle occupait une large place chez tous les écrivains qui traitaient de la morale naturelle, — dans *l'Esprit* d'Helvétius aussi bien que dans le *Système de la Nature*.

[1] *Principes de morale*, p. 282.

Ces écrivains, comme nous l'avons dit, se trouvaient obligés par leur système moral d'exalter les passions. Sans passions, nul intérêt personnel, c'est-à-dire nul bonheur et nulle vertu. Les passions sont pour eux la source des grandes découvertes dans les sciences et dans les arts, le mobile des actions grandes et héroïques. Sans passions, aucun progrès dans la société, aucune grandeur dans la vie des nations ; par conséquent elles sont le fondement du bonheur public et le grand moyen du *véritable* esprit de législation. C'est cette doctrine qui révoltait Mably. Ses longues discussions sur les passions peuvent paraître fatigantes et hors de propos au lecteur actuel, mais, envisagées au point de vue historique, elles acquièrent aussitôt un vif intérêt.

Ainsi, par exemple, dans la longue réfutation de Phocion de l'idée de Platon qui, dans sa *République*, « considère les plaisirs de l'amour comme un ressort dont la politique doit se servir pour animer le courage et le porter aux actions héroïques », on est disposé à trouver cette polémique bien abstraite et inutile. Mais dès que le lecteur se rappelle que cette page de Mably a été écrite dans le temps même où l'*Esprit* d'Helvétius était le plus à la mode, la question devient tout autre. Pour comprendre la polémique de Mably il faut relire le chapitre où Helvétius veut prouver que le libertinage n'est pas incompatible avec le bonheur d'une nation, ou cet autre sur les passions, dans lequel, « pénétrant plus avant dans les vues de la nature », il faisait sérieusement la « supposition, qu'en ornant les belles femmes de tant d'attraits, en attachant le plus grand plaisir à leur jouissance, la nature eût voulu en faire la récompense de la plus haute vertu ». Helvétius a même osé prétendre « que, si à l'exemple de ces vierges consacrées à Isis les plus belles Lacédémoniennes eussent été consacrées au mérite ; si, présentées nues dans les assemblées du peuple, elles eussent été enlevées par les guerriers comme le prix de leur courage, il est certain que la législation de Sparte eût encore rendu les Spartiates plus vertueux et plus vaillants [1]. » A côté de cette tirade on trouvera certainement plus à propos et plus mordante cette satire que Mably adressait par la bouche de Phocion à la société de son propre siècle : « Quant à nos aréopagites et nos sénateurs, il est évident qu'en leur donnant à proportion de leur mérite quelque droit sur la pudeur des femmes, ce serait un moyen infaillible de les rappeler à cette intégrité majestueuse qui doit former le caractère des magistrats. Sans doute que le temps qu'ils emploient aujourd'hui à corrompre et séduire de jeunes beautés serait désormais consacré au service de la république, etc. »

En admettant la distinction entre l'esprit et la matière dans la nature humaine, il était facile à Mably de répudier les passions « qui tiennent immédiatement aux sens et par qui nous sommes rabaissés à la condition des animaux » et de prouver par des réflexions et des exemples historiques que lors même que des pas-

---

[1] *De l'Esprit,* T. III, p. 221, (en général *Discours,* III, chap. XV.)

sions pareilles ont été la source de grands exploits pour des *individus et pour des nations*, « *le bien passager qu'elles pouvaient produire était trop douteux et trop court.* » Mais il ne pouvait pas affirmer la même chose des passions de l'âme. En acceptant la doctrine que la première règle de morale pour l'homme était de chercher son bonheur et de remplir ses devoirs envers lui-même, Mably était forcé non seulement d'excuser les passions comme inhérentes à la nature humaine, mais encore de les célébrer à son tour comme indispensables au bonheur. En effet, nous trouvons dans tous ses écrits des passages nombreux où il semble d'accord avec ces *beaux esprits* qui exaltaient les passions. Tantôt il se défend contre l'accusation de déclarer la guerre également à toutes les passions et de vouloir les détruire. « Personne n'est plus persuadé que moi, dit-il [1], qu'elles nous ont été données pour notre bonheur ; et si j'étais le maître de les bannir de notre cœur, je me garderais bien de le faire. Je sens que, sans le secours des passions, ma raison se glacerait et serait réduite à n'être qu'un instinct grossier. Pourquoi me plaindrais-je d'éprouver des passions ? Ce serait me plaindre d'être intelligent et sensible. Dès que je pense, il m'est prouvé que je dois m'aimer, c'est-à-dire rechercher le bonheur. Il m'est impossible de me séparer de cet amour de moi-même ; et je dois fuir la douleur comme je vole au-devant du plaisir qui m'appelle. » Tantôt il attaque le stoïcisme, « qui nous suppose tout différents de ce que

---

[1] *Principes de Morale*, p. 220.

nous sommes en effet, mais dont les arguments ne *nous rendront pas insensibles.* Quand nous pourrions, en suivant les maximes du stoïcisme, nous dérober à toutes nos affections, notre sort n'en serait pas meilleur ; nous n'aurions aucun vice, mais nous n'aurions aucune vertu ; nous ne serions, pour ainsi dire, que des statues inanimées et incapables de remplir les devoirs auxquels la nature nous appelle[1].» — « Ne blâmons donc pas avec Zénon toutes les affections de notre âme, puisqu'elles sont nécessaires ; puisque la nature nous les a données pour nous être utiles et contribuer à notre bonheur ; puisqu'elles peuvent nous conduire à la vertu, si nous voulons profiter des conseils salutaires de notre raison, qui est le don le plus précieux qu'elle pouvait nous faire. » Nous retrouvons encore la même idée dans le dernier ouvrage de Mably sur les passions, celui dans lequel il manifeste le plus ses craintes sur leur influence funeste sur l'humanité. Dans l'étude sur *Le cours et la marche des passions dans la société* [2], Mably veut démontrer à l'aide de l'histoire comment les passions *molles* et *lâches* ont tant de fois triomphé des passions *nobles* et *généreuses ;* comment elles ont corrompu toutes les formes de gouvernement et causé la décadence des nations les plus florissantes ; sa philosophie

---

[1] *Principes de Morale*, p. 259.

[2] Cet ouvrage, qui ne parut que parmi les œuvres posthumes de Mably, fut écrit une dizaine d'années avant sa mort. Il y fait mention de son *manuscrit* sur les *Principes de Morale* et il y dit, à propos de l'Angleterre, qu'elle voudra subjuguer ses colonies d'Amérique. Cette remarque ne pouvait être faite qu'avant la rupture ou au commencement de la guerre avec les colonies.

de l'histoire prend une teinte des plus pessimistes et il semble se résigner à l'idée que ces passions molles et lâches aboutiront à un triomphe définitif et conduiront la société à sa ruine ; et malgré cela Mably revient souvent dans le cours de cet ouvrage à une appréciation plus favorable des passions. Il les défend comme un don de la nature, et il affirme que celle-ci ne produit jamais un mal que pour en tirer un bien. Les passions, dit-il, sont dans le monde moral ce que les tempêtes et les ouragans sont dans le monde physique. Nous avons tort de nous plaindre de ces terribles phénomènes, puisque sans eux l'air que nous respirons se corromperait et les eaux salutaires se convertiraient en poison. C'est ainsi que le monde moral éprouve ces tempêtes et ces ouragans ; les passions sont l'âme du monde moral : elles le mettent en mouvement et y produisent des bouleversements salutaires. C'est là le grand laboratoire de la nature [1].

Ainsi donc les passions sont aussi nécessaires aux sociétés et aux nations qu'à l'individu, et il ne s'agit pas de les détruire, mais plutôt de les diriger et d'en faire un moyen du bonheur, auquel la nature a destiné l'homme. C'est à la philosophie, aidée de la raison et de la morale, de les diriger dans ce sens afin d'en obtenir ce résultat. Quant aux États et aux nations, ce rôle doit être rempli par la politique. Diriger les passions de l'homme et de la nation tout entière vers son bonheur, tel est le rôle nouveau et grandiose dévolu au légis-

---

[1] *Du cours et de la marche des passions*, p. 120.

lateur ; c'est aussi le vrai moyen de faire de la politique
une science certaine fondée sur la morale et l'expérience que fournit l'histoire. Mably considère cette
idée comme une grande découverte scientifique et il
s'efforce d'en faire sortir tout un système politique
devant servir de base au véritable esprit de législation.

En développant son système, Mably montre souvent
une confiance excessive dans l'art politique de guider
les passions. Nous rencontrons même dans l'ouvrage
cité par nous, et où le pessimisme semble prendre le
dessus, plusieurs passages d'une couleur tout opposée.
C'est ainsi qu'il veut prouver « par mille exemples
tirés de l'histoire » que « les passions les plus ardentes à
se satisfaire, les plus impétueuses par leur nature et les
plus impatientes se prêtent aux circonstances, s'appri-
voisent et deviennent même de grandes vertus dans un
gouvernement assez bien constitué pour les contenir
dans de justes bornes [1], ou plutôt pour les diriger par
l'amour de la gloire, de la patrie et de la liberté au plus
grand bien de la patrie. Semblables par leur nature à
un coursier intrépide et vigoureux, quand rien ne les
retient, elles obéissent avec docilité à la main assez
adroite ou assez vigoureuse pour les gouverner avec
adresse ou les gourmander avec force. »

La confiance de Mably dans la politique d'un législateur sage et habile s'étend si loin, qu'il lui attribue
le droit d'employer à son service non seulement les
passions plus ou moins vertueuses, mais les *vices*

---

[1] *Principes de Morale*, p. 170.

même, ce qu'il explique par l'extrême corruption à laquelle sont parvenus les peuples contemporains ; tous sont plus ou moins éloignés du but auquel ils devraient aspirer, et comme ils se sont égarés dans des sentiers fort différents, rien ne serait moins raisonnable que de leur prescrire la même route. « A tel peuple, dit Mably, je voudrais inspirer de la patience ; à tel autre, du courage. Pour aiguillonner les esprits, ici je sèmerais une confiance aveugle et presque téméraire, et même une légère dose de colère ; là, pour les calmer, je mettrais principalement en honneur des vertus paisibles et tranquilles. Je n'en resterais pas là. Ainsi qu'un médecin habile emploie quelquefois des poisons dans ses remèdes pour procurer une crise favorable, de même je ne craindrais point quelquefois de distribuer à propos quelques vices à un peuple pour le retirer de sa stupeur [1]. »

En lisant de pareils passages, on pourrait être induit à penser que le dissentiment entre Mably et cette *clique des philosophes,* qu'il combat constamment, n'est pas aussi grand qu'il voudrait le faire croire à son lecteur. Mais ce n'est pas la vraie pensée de l'auteur. En admettant avec ses adversaires que l'intérêt personnel, le désir du bonheur étaient le fondement de la morale, il était obligé comme eux de présenter les passions comme un ressort nécessaire de la nature humaine et de justifier le recours de la politique même aux passions violentes. Mais, en parcourant le même chemin que ses adversaires, il ne voulait pas arriver au même

—————

[1] *Principes de Morale,* p. 170.

but et il tâchait de s'éloigner d'eux le plus loin possible. Nous trouvons dans un de ses écrits un curieux passage, où il explique lui-même au lecteur la coïncidence de ses opinions sur les passions avec celles des matérialistes, ainsi que la diversion brusque qu'il s'est cru obligé de faire. Dans ses entretiens sur les *Principes de la Morale* il parle avec ironie d'un bel ouvrage qu'il avait commencé dans sa jeunesse et qu'il avait eu la folie de brûler. « Il était bien digne, ajoute-t-il, de la sagesse de notre temps et il me ferait un honneur infini. Je prenais toutes les passions sous ma protection parce que je croyais avoir remarqué qu'en se développant elles étendaient nos lumières et donnaient de l'activité à notre froide raison. Je leur attribuais les progrès de la société, et j'aimais à promener mes pensées dans un grand État où les citoyens oisifs, riches et heureux, jouissaient de tout ce que les arts inutiles ont de plus délicieux. » Comme son interlocuteur veut lui prouver qu'il avait raison en célébrant l'utilité des passions entre les mains d'un politique habile et en disant que les passions étaient véritablement l'âme du monde et le génie qui nous élève au-dessus de nous-mêmes, Mably l'interrompt par cette exclamation : « Voilà assez de matériaux pour qu'un sophiste, avec un peu d'imagination et la lecture de Plutarque, dont il abusera, puisse faire deux ou trois volumes que nos philosophes beaux-esprits célébreront comme un prodige [1]. » Quant à lui, dit-il, il serait injuste de l'accuser de blâmer indiffé-

---

[1] *Principes de Morale*, p. 215.

remment toutes les passions. Il en tient plusieurs au contraire pour de grandes vertus, et il les approuverait toutes, si notre âme, souvent trop appesantie par nos sens, avait assez de force pour ne s'arrêter qu'à des pensées, des affections et des désirs dignes d'elle. Mais il sent tous les jours combien nos sens usurpent d'empire sur notre raison, et il se voit entouré de mille objets qui lui présentent une image séduisante de bonheur qu'il veut saisir, qui lui échappe sans cesse, et dont malgré son expérience il sera encore mille fois la dupe.

Il voit avec quelle facilité les affections vertueuses que la nature nous a données pour servir de fondement à notre bonheur peuvent se changer en des passions vicieuses qui nous rendront malheureux ; il considère que nos fragiles vertus sont toujours placées entre deux vices qui les resserrent ; il observe comment nos passions, liées les unes aux autres, se heurtent, se choquent, se soutiennent, se détruisent, se mélangent, se reproduisent naturellement, et parviennent à un degré de force qui subjugue les mœurs, fait taire la morale, renverse les lois et entraîne comme un torrent le gouvernement qui a songé trop tard à leur résister. Et de toutes ces observations Mably déduit que ce n'est pas l'art d'échauffer et d'exalter les passions qu'il rechercherait, mais celui de les calmer et de les tempérer pour les maîtriser et les diriger à une fin honnête. Cette page de Mably nous montre très bien la direction que devait prendre son système moral s'il ne voulait aboutir avec ses adversaires au sensualisme et à ce déchaînement des passions qui rendait impossible la concordance de l'intérêt personnel avec le bien général. Si le bonheur général devait être fondé sur le bonheur de chaque individu, ce bonheur ne pouvait guère consister dans la satisfaction des passions ; au contraire, « il s'agirait alors de calmer les passions, d'en faire le moindre usage possible ; la vertu devrait, comme la vérité, fuir les excès, et toute la morale humaine consister dans de sages tempérances qui pourraient concilier la sublimité de la raison et la folie des passions. En un mot, la morale, pour ouvrir aux hommes la route de la vertu et du bonheur, devait commencer par diminuer les besoins, puisque c'est dans ces besoins que « les passions de l'homme trouvent leur source et leur nourriture ».

La *diminution des besoins*, tel était donc le dernier mot de la philosophie de Mably. En maints endroits de ses divers écrits il établit que le vrai bonheur consiste dans la paix de l'âme et ne peut être donné que par la *médiocrité*. Mais s'il lui était facile de gagner à cette philosophie quelques sages « nés avec une raison capable de se nourrir de ses propres réflexions », il ne pouvait pas se contenter de ce résultat puisqu'en politique il cherchait non seulement le bonheur individuel, mais le bonheur général ; et il était, comme il le dit lui-même, beaucoup plus aisé à la philosophie de faire un philosophe heureux d'un homme dont l'esprit est juste et dont les passions ne sont pas dans une ivresse frénétique, qu'à la politique « de former une société raisonnable avec ce ramas d'hommes sots, stupides, ridicules et furieux qui entrent nécessairement dans sa composition [1]. »

C'est en cherchant cette *fin honnête,* vers laquelle devaient être dirigées les passions humaines, que le moraliste est devenu utopiste. L'étude des passions qui engendrent les vices, et par là le malheur, l'avait conduit à cette conclusion que le bonheur devait consister, pour les individus comme pour les nations en général, dans cette paix de l'âme, dans ce calme des passions qu'on ne peut atteindre que par une diminution constante des besoins. C'étaient surtout l'ambition et l'avarice, ces deux grandes passions de l'homme, qui devaient disparaître. Mais en même temps Mably s'était persuadé, comme il le dit lui-même [2], que le germe des vices subsistera toujours parce que les passions qui peuvent produire les plus grands vices sont nécessaires pour produire de grandes vertus, et qu'elles reparaîtront si les citoyens et les sociétés ne sont pas accoutumés par la législation *à chercher le bonheur où la nature l'a placé.* Quel est donc cet état social où la nature a placé le bonheur ? Mably fut poussé à le chercher par le désir de rendre l'homme vertueux et heureux en calmant ses passions. Un autre désir d'amour ardent de l'*égalité* le lui fit entrevoir.

C'est juste vers le milieu du XVIIIe siècle que s'est fait sentir en France ce besoin de l'égalité qui apparaît dès l'abord comme une passion brusque et violente. Il n'y

[1] *Principes de Morale,* p. 313, 315.
[2] *Du cours et de la marche des passions,* p. 391.

avait pas encore longtemps que le moraliste et l'écrivain politique les plus profonds de l'époque s'étaient prononcés contre l'égalité comme principe absolu en morale et en politique.

Après avoir expliqué l'inégalité « des conditions par celle des génies et des courages », Vauvenargues avait dit : « Il est faux que l'égalité soit une loi de la nature ; sa loi souveraine est la subordination et la dépendance. » Considérant « tout projet de rapprocher les conditions comme un beau songe », alléguant le fait que les législateurs anciens ont inutilement tâché de les rapprocher et que tous les tempéraments qu'on a employés à cet égard ont été vains, Vauvenargues établissait la maxime : « Rien n'est si spécieux dans la spéculation que l'égalité; mais rien n'est plus impraticable et plus chimérique [1]. »

Presque en même temps, Montesquieu, voulant démontrer la nécessité de donner dans la monarchie constitutionnelle une représentation spéciale à l'élément aristocratique, avait dit : « Il y a toujours dans un État des gens distingués par la naissance, les richesses ou les honneurs; mais s'ils étaient confondus parmi le peuple et s'ils n'y avaient une voix comme les autres, la liberté commune serait leur esclavage [2]. » Quelques années après, un torrent d'idées contraires commença à occuper l'opinion publique. On sait que Rousseau en avait donné en quelque sorte le signal dans son *Discours sur*

---

[1] VAUVENARGUES, Œuvres, éd. Gilbert, T., I. *Discours sur l'inégalité des richesses*, p. 172, et *Maximes*, p. 401 et 451.

[2] *Esprit des Lois*, XI, 6.

l'inégalité, cette diatribe passionnée et éloquente qui voulait prouver que l'égalité était l'état normal et primitif et que tous les maux de l'humanité provenaient de l'inégalité. Cinq ans après le Discours de Rousseau apparut le livre de l'*Esprit* dans lequel Helvétius renchérissait sur les conclusions de Rousseau, et essayait de changer un paradoxe historique, soutenu par un rêveur fougueux et à sentiments, en un axiome psychologique prouvé par une dissertation méthodique et plate. Rousseau condamnait l'institution de la société parce que, selon lui, elle provoquait le développement de tous les germes de l'inégalité chez l'homme primitif. Il laissait ainsi au lecteur la possibilité de faire son choix, au moins en théorie, entre la société civilisée unie à l'inégalité et un état sauvage où l'homme jouissait de l'égalité primitive, mais au prix de l'isolement et de l'abrutissement. Quant à Helvétius, il prétendait que l'homme primitif ou naturel ne portait même pas en soi un germe quelconque d'inégalité, qu'ainsi la société et la civilisation avaient non seulement occasionné, mais créé l'inégalité actuelle par une fausse éducation et une fausse politique; il affirmait en conséquence que la source la plus excusable de l'inégalité sociale, — la différence de force de l'esprit, n'était pas un don de la nature, mais un effet de l'éducation, puisque « la grande inégalité des esprits ne dépendait ni de la perfection plus ou moins grande des sens ou de la mémoire, ni même de la différente capacité d'attention que pourrait produire la force plus ou moins grande du tempérament ». Si Rousseau parlait de l'état égalitaire comme d'une espèce de paradis terrestre à jamais perdu par les fautes de l'humanité, Helvétius disait que la nature avait gravé dans tous les cœurs le sentiment de l'égalité primitive et justifiait ainsi « le germe éternel de haine entre les grands et les petits [1] » comme provenant de la nature. Ainsi le rêve égalitaire de Rousseau devenait un programme politique qui devait être réalisé par *le véritable esprit législatif*.

Malgré toute sa répugnance pour le système moral d'Helvétius, qui déchaînait les passions et corrompait les mœurs, Mably devint comme lui l'apôtre de l'égalité absolue posée en principe constitutif de la société. Comme chez tant d'autres, le besoin de l'égalité devint chez lui une passion, et, chose bien digne de remarque, c'est que ce *sage*, qui se plaisait à dépeindre les effets funestes des passions, qui s'était persuadé que la vertu et le bonheur n'étaient possibles que sous la condition de tempérer et de calmer les passions, oubliait tout cela lorsqu'il s'agissait de la passion de l'égalité et qu'en elle il trouvait même l'*excès* salutaire. « Toutes les qualités sociales, disait-il, prêtent à l'abus, sont toujours voisines de quelques vices et peuvent facilement se dénaturer; mais, au contraire, la Providence n'a pas permis que le sentiment de l'égalité pût être outré. Plus il sera vif, plus il contribuera au bonheur. Jamais il ne peut dégénérer et devenir un vice parce qu'il ne peut jamais être injuste, parce qu'il unit les hommes et ne leur donne qu'un même intérêt. »

[1] *De l'Esprit*, disc., III, ch., IV. p. 42. *Ibid.*, p. 282.

Cette apologie excessive de la passion de l'égalité de la part de Mably peut à la rigueur être acceptée si l'on considère qu'il s'y mêle sans préoccupation sérieuse de morale, et parce que l'égalité lui apparaît comme la source des plus grandes vertus sociales. D'un côté, l'inégalité est à ses yeux le premier anneau de la chaîne de tous les vices humains. Plus il réfléchit et plus il est convaincu que l'inégalité des fortunes et des conditions décompose pour ainsi dire l'homme et altère les sentiments naturels de son cœur; elle inspire, selon lui, aux hommes des désirs inutiles pour son bonheur véritable, ouvre leur âme à l'avarice et à l'ambition, les dégrade, les humilie, sème entre eux la discorde et la haine et produit ainsi la tyrannie, la servitude et tous les maux sociaux [1]. De l'autre côté, l'égalité, en entretenant la modestie de nos besoins, conserve dans notre âme une paix qui s'oppose à la naissance et aux progrès des passions; elle développe les qualités sociales et produit tous les biens parce qu'elle unit les hommes, leur élève l'âme et les prépare à des sentiments mutuels de bienveillance et d'amitié.

Mably ne se contente pas de constater la supériorité morale de l'égalité sur l'inégalité; il tâche de revendiquer pour la première une supériorité de droit naturel et, pour ainsi dire, de droit historique. « Ce n'est point, dit-il, en faisant un tableau des désordres que l'inégalité a causés que je me borne à prouver que l'égalité est nécessaire à l'homme. La nature en avait

---

[1] *De la Législation*, p. 45.

fait une loi à nos premiers pères et elle avait déclaré
ses intentions d'une manière si claire qu'il était impossible de les ignorer. En effet, qui peut nier qu'en
sortant de ses mains nous ne nous soyions trouvés dans
la plus parfaite égalité ? N'a-t-elle pas donné à tous les
hommes les mêmes organes, les mêmes besoins, la
même raison ? » En défendant la thèse de l'égalité
parfaite de l'homme primitif, Mably se rapproche tellement des opinions d'Helvétius qu'il attribue même la
supériorité de force et de talents des uns sur les autres
et les avantages qui naissent de certaines inclinations
heureuses, plutôt à la corruption des mœurs qu'à la
nature. Voici, par exemple, son appréciation sur les
talents : « La nature ne les répand point avec assez
d'inégalité pour qu'ils puissent établir une grande différence dans la condition des hommes. C'est notre éducation, si capable d'abrutir les uns et de développer dans
les autres les facultés de leur âme, qui nous persuade
que la Providence a fait différentes classes d'hommes,
etc. »

Mais, quelques pages plus loin, il démontre tout ce
que ce raisonnement a de factice, et il fait sur l'inégalité
fondamentale des hommes des observations plus justes
et plus nobles [1]. « La nature, écrit-il, nous distribue inégalement ses bienfaits, » et il prouve comment
cette inégalité peut devenir une source féconde pour
les vertus sociales et le développement moral de
l'homme. En nous donnant des goûts, des qualités, des

____

[1] *De la Législation*, p. 51.

forces et des talents différents, la nature, dit Mably, n'a recherché qu'à multiplier les liens qui doivent nous unir. C'est par ce partage inégal qu'elle nous rend plus utiles les uns aux autres, suffit à tous nos besoins et nous invite à ce commerce de services et de bienfaits qui nous est nécessaire. Ces dons différents de la nature, qui contribuent à faire fleurir la société, contribuent dans la naissance des choses à la former. Si tous les hommes avaient eu au même degré les mêmes qualités, les mêmes inclinations, les mêmes forces, les mêmes talents, ils se seraient rapprochés moins aisément et chacun aurait été moins disposé à se mettre à la place qu'il devait occuper.

Ce raisonnement pourrait faire supposer que notre moraliste avait reconnu, au moins en principe, que l'inégalité des fortunes et des conditions n'était pas l'unique source des maux de l'humanité, qu'elle était une suite nécessaire de la différence naturelle des goûts, des forces et des talents, et qu'en nous rendant utiles les uns aux autres elle était indispensable pour « faire fleurir la société. » Mais non ; Mably assure qu'en distribuant inégalement ses bienfaits « la nature n'a point voulu nous tendre un piège, ni nous préparer à la plus légère inégalité. » Comment expliquer ces contradictions frappantes ? Nous avons déjà dit que Mably était porté vers le principe de l'égalité par un besoin moral ; la haine qu'il portait aux abus de l'inégalité l'avait habitué à ne voir dans l'égalité qu'une source de vertus ; mais il faut ajouter aussi que sa doctrine égalitaire puisait sa force dans un fond d'amour-propre et de vanité qu'il cherchait vainement à cacher sous le manteau de la philosophie. Nous mentionnerons ici, comme très instructif sous ce rapport, un passage du second livre de ses *Principes de Morale*. En cherchant les moyens d'assurer aux particuliers « ce bonheur que les lois politiques ont trop négligé », Mably conseille de ne pas s'abandonner au torrent de la vie publique et de regarder ce spectacle de loin. Mais, pour s'élever à cette philosophie, il faut être persuadé, dit-il, que les hommes sont égaux entre eux et parvenir à aimer cette vérité. Et il explique ainsi sa pensée : « Il me semble que j'ai continuellement besoin de l'idée de l'égalité pour me défendre contre une foule de petites passions misérables que je porte en moi, qui se déguisent à mes yeux pour me mieux tromper et qui sont continuellement sollicitées et irritées par le commerce du monde, qui me présente de tous côtés des supérieurs et des inférieurs ; les uns ennoblissent leurs vices, les autres avilissent leurs vertus. Si je n'ai pas accoutumé ma raison à me dire que tout homme est mon frère et mon égal, je ne voudrais pas vous répondre que je ne ressemblasse bientôt à je ne sais combien de gens de mon état qui sont si flattés d'approcher les grands, qui les citent et les imitent à tout propos et croient par là s'attirer une grande considération. Passe encore pour ce ridicule, mais j'ai peur qu'il n'entraîne à sa suite une foule de vices très contraires à la morale. Si j'ai tant de respect et d'admiration pour les titres, les décorations et les honneurs, il sera bien difficile que je sois content de mon état ; et ne me permettrai-je pas cent petites libertés pour en sortir? Me voilà donc livré à l'ambition en petit et par conséquent à la plus vile et la plus dangereuse des passions après l'avarice [1]. »

De « cette première erreur de l'homme qui méconnaît le principe de l'égalité absolue des hommes », Mably déduit tous les vices de la société pour faire comprendre comment, même pour le philosophe, l'égalité est une condition indispensable de la paix de l'âme, nécessaire pour le bonheur et pour les vertus. Mais si un philosophe ne peut devenir vertueux et heureux dans une société où règne l'inégalité, il faut bien que le principe d'égalité devienne d'autant plus nécessaire pour « le bonheur de la multitude incapable de philosophie». Et de là cette conclusion naturelle de sa part que «l'État sera plus ou moins heureux, suivant que les lois, dont on sera convenu, rapprocheront plus ou moins les citoyens de l'égalité. Si cette égalité n'est pas entière, le feu des passions ne sera pas éteint, il n'est que caché sous la cendre et on doit s'attendre à de nouveaux incendies [2] ».

Mais le feu des passions ne peut être éteint, l'égalité ne peut devenir parfaite, tant que l'intérêt personnel, la préoccupation du bonheur particulier portent l'homme à augmenter sa fortune. De l'inégalité des fortunes provenait toute inégalité des conditions, puisque l'ambition n'était aux yeux de Mably qu'une passion secondaire, nourrie par l'avarice, et cette dernière passion il la considérait avec Morelly comme dominante chez l'homme

[1] *Principes de Morale*, p. 318.
[2] *De la Législation*, p. 41.

et là plus funeste. Pour supprimer cette éternelle ennemie de l'égalité, il était nécessaire que l'avarice n'eût
aucune raison d'être, que personne n'eût le désir de
chercher son bonheur dans l'augmentation de sa fortune
individuelle. Mais pour cela il eût fallu que la propriété
personnelle n'existât point, ou, en d'autres termes, que
la propriété appartînt à tous d'une manière égale.
Donc la *communauté des biens* était le seul moyen de
fonder la morale sociale sur l'intérêt personnel et de
rendre les hommes vertueux et heureux. Mais, comme
on ne pouvait s'imaginer une communauté de biens
dominant l'humanité tout entière, Mably était obligé de
recourir à ce rêve idyllique et champêtre qu'il aime
tant à peindre dans ses ouvrages, et qu'il se représente
comme le but sublime et le grand principe de toute
véritable législation.

Ainsi il présente à nos regards un tableau de la terre
où, à la place de ces grands États remplis de misère, nous
voyons des sociétés « nécessairement bornées à un petit
nombre de familles qui possèdent et cultivent leurs terres
en commun [1]. Elles ne connaissent pas le luxe ni le commerce ; leur industrie se borne à ces arts simples et
grossiers qui ne demandent pas la division du travail.
Elles ont des magistrats élus ; ces magistrats examinent
si chaque citoyen s'acquitte avec exactitude du travail
dont il est chargé ; ils sont occupés de rassembler dans
des magasins, de conserver et de distribuer par égales
portions les fruits de la terre et les autres choses dont

----

[1] *Principes de Morale*, p. 69.

les familles auront besoin. Mais ces magistrats ne sont pas réduits à n'être que les économes de leurs concitoyens, puisque les qualités sociales tiennent de bien près à quelque vice, la pitié à la faiblesse, l'émulation à l'envie, l'amour du plaisir à la volupté, l'amour du repos à la paresse — il s'agit pour ces magistrats de faire observer les lois et de solliciter des règlements capables de contenir et de diriger les passions. »

Cette description que Mably nous donne de son utopie sociale démontre une fois de plus l'influence de sa doctrine des passions sur son utopie ; en effet, la conviction que l'intérêt personnel ne peut être en harmonie avec l'intérêt général, qu'à condition de tempérer les passions, est la clef véritable de son communisme ; mais il y a encore dans sa doctrine morale un autre côté qui n'a pas été sans influence sur son idéal social et politique et qu'il est nécessaire de mettre en lumière : c'est sa théorie des *vertus*. Cette théorie tient aussi une grande place dans ses écrits, et surtout dans les *Entretiens de Phocion* qu'il donne comme la traduction de l'ouvrage de *Nicoclès*, ami de Phocion, dont il aurait trouvé le manuscrit grec au monastère du Mont-Cassin. Déjà le titre de l'ouvrage laisse deviner au lecteur l'apologie des vertus antiques que Mably voulait y faire. Admirateur passionné, comme tant d'autres de son époque, de la grandeur morale des anciens, il les proposait comme modèles pour susciter au milieu d'une société *corrompue* de véritables *citoyens*. Mais ce n'est pas là le seul intérêt que cet ouvrage présente pour l'histoire de la vie intellectuelle et morale au xviiie siècle. Mably s'efforçait, en revenant sur les doctrines des anciens philosophes, d'y donner un système entier et organique des *vertus nécessaires* à cette morale sociale ou laïque à laquelle il travaillait. On sait que les moralistes chrétiens se sont servis des théories des anciens sur les vertus, surtout de celle de Platon, pour établir un système de morale chrétienne ; c'est ainsi qu'ils ont ajouté aux quatres vertus principales du philosophe athénien les trois vertus *théologales*. Sous l'inflence de cette passion pour l'antiquité, qui était nourrie par l'esprit d'opposition contre l'ancien régime, on recommença au XVIIIe siècle à se préoccuper des théories morales des anciens philosophes et de les opposer à la doctrine des théologiens. C'est ce qui détermina Mably, avec son esprit systématique, à se servir de la théorie de Platon et à l'adapter aux besoins de la société égalitaire qu'il rêvait.

Mably accepte aussi sept vertus principales, mais ce ne sont plus les sept vèrtus *cardinales* du moyen âge. A leur tête il place trois des quatre vertus platoniciennes, la justice, la prudence et le courage, comme les trois sources qui donnent naissance à l'ordre, à la paix et à la sûreté, indispensables au bonheur de la société. En outre, il compte quatre vertus qui doivent servir de base et d'appui aux premières ; il les appelle vertus mères ou auxiliaires ; ce sont la tempérance, l'amour du travail, l'amour de la gloire et le respect pour la divinité. Toutes les autres vertus sont considérées par Mably comme secondaires, c'est-à-dire qu'il les distingue essentiellement des vertus principales, « qui n'ont besoin que de se consulter elles-mêmes pour agir et toujours produire le bien [1]. » Les vertus secondaires peuvent, selon Mably, devenir autant de vices, si elles ne sont pas gouvernées par une autre vertu supérieure. Ainsi, par exemple, la pitié, l'économie, la générosité doivent être subordonnées à la *justice ;* la pitié peut devenir une faiblesse criminelle, si elle nous fait sacrifier les lois et la république en faveur des coupables ou des malheureux ; la générosité dégénérera en vice, si elle pousse un individu à prodiguer sa fortune à ses amis aux dépens de ses créanciers.

Nous n'entrerons pas dans les détails de la doctrine de Mably, mais nous croyons nécessaire de faire connaître ses opinions sur quelques-unes des vertus, parce que cela nous aidera à mieux comprendre son système moral et l'esprit du siècle sous l'influence duquel il écrit. Ainsi, par exemple, l'esprit humanitaire et cosmopolite du xviiie siècle se reflète fortement dans ce qu'il dit sur l'amour de la patrie. Il place le patriotisme dans cette catégorie des vertus subordonnées qui ont besoin d'une vertu supérieure pour être bien dirigées. Cette vertu supérieure à l'amour de la patrie, c'est l'amour de l'humanité [2]. Est-il rien de plus opposé à ce bonheur de la société, dont nous recherchons le principe, demande Mably, que ces haines, ces jalousies, ces rivalités qui divisent les nations ?

La nature a-t-elle fait les hommes pour se déchirer et se dévorer ? Si elle leur ordonne de s'aimer, comment

[1] *Entretiens de Phocion*, p. 90.
[2] *Ibid.*, p. 130.

la politique serait-elle sage en voulant que l'amour de
la patrie portât les citoyens à rechercher le bonheur de
leur république dans le malheur de ses voisins ? — Et
il fait dire à l'élève de Platon : « Faisons disparaître
ces frontières, ces limites qui séparent l'Attique de la
Grèce et la Grèce des provinces des barbares ; il me
semble qu'alors ma raison s'étend, que mon esprit
s'élève, que tout mon être s'agrandit et se perfectionne.
S'il est doux pour moi de voir que mes concitoyens
veillent à ma sûreté, combien n'est-il pas plus agréable
de penser que le monde entier doit travailler à mon
bonheur ? » De même que les autres moralistes qui fon-
daient la morale sur l'intérêt, Mably était obligé d'as-
signer dans son système de bonheur social une grande
part aux *récompenses* pour attirer les citoyens vers les
vertus. Il se distingue en cela des matérialistes parce
qu'il repousse toute espèce de récompenses qui tiennent
à l'avarice et aux plaisirs des sens. Mais lui aussi il
fonde de grandes espérances sur le désir inné chez
l'homme d'être distingué des autres. Il combine d'une
manière assez originale l'amour de la gloire avec
l'amour du travail, et, dans son système idyllique de la
communauté agricole, c'est justement l'amour de la
gloire qui doit remplacer cette ardeur avec laquelle le
propriétaire actuel travaille pour soi et pour sa famille.
Selon Mably, le cultivateur communiste ne sera pas
moins infatigable dans son travail, « si les lois savent y
attacher de la gloire et de la considération [1]. »—Certes,

[1] *De la Législation*, p. 67

il y a dans cette proposition d'encourager le travail
agricole par des distinctions honorifiques, une idée qui
s'est pratiquée déjà au XVIII⁰ siècle et qui de nos jours
a été adoptée par le gouvernement de la république;
mais il est très intéressant d'observer que les écrivains
démocrates qui préconisaient l'égalité parfaite n'étaient
pas moins portés à invoquer le principe de l'honneur
et les honneurs que les partisans de la monarchie
aristocratique qui, de même que Montesquieu, faisaient
de l'honneur le principe de cette forme de gouvernement.

Mais passons à la justice, cette pierre d'achop-
pement de tout système socialiste. Dans les *Entretiens
de Phocion,* Mably la met, comme Platon, à la tête de
toutes les autres vertus, et il se rapproche des sentiments de ce philosophe en faisant dépendre la paix de
l'âme, source du bonheur individuel, « du témoignage
que l'homme se rend de se conduire par les règles de la
justice [1]. » — Dans les *Principes de Morale* Mably
subordonne la justice à la prudence, et il cite les belles
paroles de Cicéron sur cette prudence « *sine qua non
intelligi quidem ulla virtus potest ;* » et l'on voudrait
justement un peu plus de cette dernière vertu dans le
raisonnement de Mably sur la justice. Il n'ignorait certainement pas la définition qu'en fait Aristote, définition profonde qui conservera une éternelle valeur,
même si les hommes, sous l'empire de l'intérêt et des
passions, en arrivaient à la méconnaître encore davan-

[1] *Entretiens de Phocion,* p. 75.

tage. Pour Aristote, toutes les vertus sont un juste milieu entre deux vices opposés; ainsi la justice est le milieu entre le trop et le trop peu dans les rapports des hommes entre eux. Mais comme ces rapports sont d'une nature double, la justice doit se produire avec deux tendances différentes. Dans les rapports d'individu à individu, chacun représentant pour ainsi dire une valeur égale, la justice doit reconnaître à chacun un droit égal. Mais dans les rapports de l'individu avec la société, dont il est membre, dans la distribution, par exemple, des magistratures, des honneurs publics ou de la propriété appartenant à l'État, il faut, selon Aristote, avoir égard au bien de toute la communauté, et la part qui revient à chaque individu doit être proportionnée à la valeur de chacun dans le système commun. Ainsi la justice dans les rapports mutuels des individus ou dans le droit civil devait être basée sur l'*égalité*; dans les rapports politiques, c'est-à-dire dans le droit public, elle devait être basée, au contraire, sur l'*équité*, qui pouvait ne pas coïncider avec l'égalité et même demander l'inégalité. Voilà le vrai principe de la justice que Mably méconnaissait sans le réfuter. Il adopte, lui aussi, deux espèces de justice, — la justice pour ainsi dire *actuelle*, reconnue par les sociétés humaines, et une autre justice qui devrait dominer la société. Il ne considère la première que comme un simulacre de justice dont nous nous contentons, « un fantôme de justice que nous nous sommes fait; » l'autre, — c'est « la justice primitive et impartiale, qui n'admet aucune différence entre des êtres que leur auteur a créés avec les mêmes droits et qui doivent vivre par conséquent dans la plus parfaite égalité [1]. » Mably ne condamne pas absolument la première qui, dit-il, toute imparfaite qu'elle soit, doit nous donner du moins cette espèce de bonne foi que conservent entre eux les brigands qui ne veulent pas se détruire ; elle suspend, selon lui, le cours des vexations, des rapines et des tyrannies et nous ordonne de nous en tenir aux injustices que le temps et l'habitude ont consacrées et rendues enfin tolérables. Il est persuadé que, toute factice qu'elle soit, cette justice ne peut être violée impunément, parce que toute tentative de ce genre déchaînerait l'avarice et aurait les suites les plus funestes ; aussi se croit-il obligé de réclamer, dans ses écrits politiques, le respect pour ce simulacre de justice, qui est la sauvegarde de la propriété.

C'est ainsi que dans son traité d'éducation pour le futur duc de Parme, Mably veut persuader son jeune élève que « toute politique ne se repaît que de chimères si elle se flatte de produire le bien sans tendre à établir par les lois l'égalité absolue [2] » ; il rejette néanmoins toute pensée de détruire les grandes fortunes et de donner, par un nouveau partage des terres, un patrimoine aux pauvres. « A Dieu ne plaise, Monseigneur, s'écrie-t-il, que sous prétexte de produire le plus grand bien, c'est-à-dire de rendre les fortunes égales, je vous invite à porter une main sacrilège sur les biens de vos sujets [3] . »

[1] *Principes de Morale*, p. 287.
[2] *Étude de l'Histoire*, p. 39.
[3] *Ibid.*, p. 313.

Mais ces conseils si justes adressés à l'élève ne retiennent pas le maître lui-même. Le véritable but de la politique est toujours, pour Mably, de faire disparaître de la terre ce fantôme de justice qui règne de nos jours et de préparer l'avènement de la vraie justice ou de l'égalité parfaite. Il espère y parvenir par une sage législation et par l'éducation des peuples. A mesure que les lois établiront une plus grande égalité, elles seront, dit-il, plus propres à tempérer les passions, à prêter des forces à la raison, et, par conséquent, à prévenir toute injustice. « Comment, s'écrie Mably, l'avarice, l'ambition, la volupté, la paresse, l'envie, la haine, la jalousie, seules causes des malheurs des États, agiteraient-elles des hommes égaux en fortune et en dignité, et à qui les lois ne laisseraient pas même l'espérance de rompre l'égalité ? »

A l'époque où Mably écrivait ses ouvrages l'inégalité se présentait sous des formes si choquantes, et elle dominait avec tant de force non seulement dans le droit politique mais aussi dans le droit civil, qu'il était dès lors bien naturel de se créer des illusions sur l'influence morale de l'égalité; mais de nos jours, qu'elle a fait tant de progrès, il est plus facile de se préserver d'illusions semblables, et il est bien permis de douter que l'égalité des fortunes puisse faire disparaître le désir du bien-être et l'amour des richesses, et que l'égalité des conditions puisse éteindre les passions et déraciner pour toujours l'ambition, la paresse, l'envie et la haine.

Du reste, ces illusions de notre auteur ne sont pas

dénuées de toute valeur pratique. Ce moraliste, en répudiant toute justice qui)ne soit pas fondée sur la plus parfaite égalité, est forcé de reconnaître que cette justice qu'il désire est incompatible avec la société actuelle ; ce n'est qu'en « prenant les hommes non dans leur état actuel, mais tels que la nature les a voulus », c'est-à-dire en les supposant, à sa fantaisie, égaux sous le rapport physique, égaux en vertus, également libres de passions et guidés par une raison égale, qu'il se croit en droit de confondre la justice avec l'égalité. Nous pouvons bien lui accorder ce point ; dans un état de société où les hommes seraient physiquement et moralement égaux, l'équité n'aurait aucune raison d'être et la justice coïnciderait avec l'égalité ; mais, hors de cette utopie, ce n'est pas l'égalité seule, mais l'égalité tempérée par l'équité, qui doit servir de fondement à cette justice que tous invoquent.

Cependant cette utopie que Mably posait comme le fondement de la morale et le but de la politique ne lui paraissait pas comme un simple rêve d'avenir ; il la représentait aussi comme un état qui avait réellement existé ; et il faut dire que l'espérance de voir les hommes atteindre un jour cet asile bienheureux qu'il leur indiquait, était intimement lié chez lui avec l'assurance que l'humanité avait déjà possédé ce bonheur.

D'où lui venait donc cette confiance ? Cette question a une certaine importance pour tout jugement impartial sur Mably et sur son siècle. Comme beaucoup de ses contemporains Mably puisait cette confiance et dans les données de l'histoire et dans celles du raisonnement sur l'état naturel qui avait précédé les origines de l'histoire et la formation des sociétés.

Rien n'atteste peut-être autant les progrès accomplis depuis un siècle par la science historique que les ouvrages de cette nature de Mably et la réputation dont il jouirent dès l'abord. Il avait beaucoup étudié l'histoire ; il connaissait non seulement les œuvres des historiens, mais encore les sources où ils avaient puisé ; Son traité *De la manière d'écrire l'histoire* est rempli de jugements sains et solides. Néanmoins il règne dans ses ouvrages sur l'histoire de France et sur l'histoire ancienne, qui avaient été l'objet de ses études particulières, un certain clair-obscur historique qui lui permet de prendre pour des faits tous les rêves de son imagination. Et ce qui peint bien son époque, c'est qu'il put s'abandonner à ses fantaisies historiques sans perdre sa réputation d'historien. C'est ainsi qu'il nous présente Lycurgue comme le législateur « qui avait le plus profondément reconnu les vraies intentions de la nature » et Sparte comme le modèle des États. Il est vrai que Mably n'était pas le seul à se faire illusion sur la législation des anciens Spartiates. Le point de vue moral dominait en général au xviiie siècle l'intérêt purement scientifique, et les historiens de ce temps étaient plus ou moins enclins à prêter un sens moral aux lois qui étaient destinées à maintenir la discipline militaire des Spartiates et leur domination sur la population subjuguée. Ne voyons-nous pas, par exemple, le savant et judicieux Ferguson présenter, dans son célèbre *Essai sur l'histoire de la société civile*, les lois qui réglaient la succession de la propriété foncière des Spartiates comme un moyen de contenir l'intérêt personnel et de tarir la source de toute injustice. Il était facile à Mably de faire un pas de plus et d'expliquer les lois de Lycurgue par un système prémédité dont le but était d'établir l'égalité des fortunes et de fonder, par l'extinction de l'avarice, une harmonie parfaite entre l'intérêt personnel et le bonheur général. Il se croyait aussi en droit d'affirmer « qu'aucun autre État n'a jamais eu des lois plus conformes à l'ordre de la nature ou de l'égalité. » Quant à l'esclavage des Ilotes, il n'y voyait qu'un reste d'anciens préjugés dont la sagesse de Lycurgue n'avait pu débarrasser ses concitoyens, et il citait comme une preuve de l'excellence de tout système égalitaire et socialiste, le fait que, malgré son imperfection, la législation de Lycurgue avait pu assurer pendant quatre cents ans le bonheur de Sparte.

Nous laissons de côté les preuves que Mably tirait, pour étayer son système, de l'histoire des Romains et de l'histoire de Suède ; il avait à sa disposition un argument beaucoup plus concluant à ses yeux pour prouver que l'état d'égalité parfaite et de communauté des biens avait réellement existé et qu'il ne s'agissait pour l'humanité que de retrouver son vrai bonheur : — c'était la fiction de *l'état de nature* qui avait précédé l'état de société .

On n'ignore pas que l'état de nature a été bien souvent et minutieusement décrit par les écrivains du XVIIIe siècle. Ce ne fut à l'origine qu'une pure abstraction dont se servaient les publicistes pour expliquer le but

de la société et pour en déduire rationnellement les
principes éternels par lesquels toute société devait être
dirigée. Mais on s'habitua peu à peu à parler de l'état de
nature comme d'un état qui avait réellement préexisté
et l'on énumérait au long les causes et les motifs qui
avaient amené les hommes à quitter cet état naturel et
à former une société. Quant aux détails, il y avait naturellement une grande diversité d'opinions. Tous les
écrivains étaient d'accord que les hommes dans l'état
de nature étaient absolument libres, mais cet accord
n'existait plus sous le rapport de l'égalité. Ceux des
publicistes qui, comme Locke, étaient préoccupés d'assurer la liberté civile et politique dans la société, ne
supposaient dans l'état de nature qu'une égalité dans
la liberté; tous ceux, au contraire, qui mettaient l'égalité au-dessus de la liberté admettaient, dans l'état de
nature, une égalité naturelle de forces, de goûts et de
talents qui devait pour ainsi dire être transplantée
dans l'état de société. Il en était de même pour la propriété. Les partisans du droit de propriété indépendant
de la société le supposaient antérieur à la société et
fondé dans le droit de nature. Les plus conséquents
sous ce rapport étaient les économistes qui attribuaient
à l'état de nature non seulement la propriété personnelle et mobilière, mais aussi la propriété foncière.
D'autres refusaient d'admettre, dans l'état de nature, un
droit de propriété et n'y voyaient qu'une institution
sociale afin de réserver à la société le droit de disposer
librement de la propriété individuelle. D'autres encore
supposaient comme inhérente à l'état de nature la pro-

priété commune ; c'est ainsi, par exemple, que Montesquieu disait : « Comme les hommes ont renoncé à leur indépendance naturelle pour vivre sous les lois politiques, ils ont renoncé à la communauté des biens pour vivre sous des lois civiles [1]. »

Mably n'était donc pas seul à supposer la communauté des biens dans l'état de nature et qu'on pouvait bien admettre, comme Montesquieu, cette supposition sans se faire des illusions sur l'idéal social. Tout dépendait dans ce cas de l'idée qu'on se faisait sur la transition de l'état de nature à l'état social. C'est justement sur cette question qu'il s'éloignait de l'opinion acceptée de son temps. La plupart des publicistes opposaient l'état de société à l'état de nature et considéraient la succession de l'un à l'autre comme une transformation subite et brusque de l'homme, comme un changement complet de sa vie et de ses droits. Nous venons de citer l'expression de Montesquieu, qui parle d'un renoncement de l'homme à son indépendance et à la communauté des biens au moment d'entrer dans l'état civil. Rousseau lui-même, qui avait, pour ainsi dire, mis l'état de nature à la mode, l'envisage comme un paradis perdu pour l'homme, dès qu'il est entré dans la vie sociale. On n'a qu'à se rappeler les expressions énergiques dont se sert l'auteur du *Contrat social* lorsqu'il explique l'origine de ce contrat, fondé sur « l'aliénation totale de chaque associé avec tous ses droits en faveur de la société ». Mably ne veut, au contraire, voir dans l'état de

----

[1] *Esprit des Lois*, L. XXVI, ch. xv.

société qu'une simple continuation de l'état de nature, et il est aisé de comprendre la raison qui l'y obligeait. S'il eût admis que l'état de société était quelque chose de contraire à l'état de nature, il se serait exposé à l'objection que cette communauté de biens primitive, qu'il supposait avec Montesquieu dans l'état de nature, ne pouvait ni durer ni se prolonger après la formation de la société organisée. C'est pourquoi il s'efforce de prouver contre Hobbes que les principes de raison et de morale qui doivent régir les sociétés actuelles existaient déjà et influençaient les hommes dans l'état de nature, que « l'état de nature n'était point une ivresse perpétuelle [1] », et qu'au milieu des passions violentes dont nos premiers pères étaient agités, leur raison était déjà éclairée par les divers accidents qu'ils avaient éprouvés.

En parlant de la formation des sociétés politiques, Mably n'accepte pas ce « contrat originaire » qui change d'un coup la position et les droits des individus; il n'admet pas que les hommes primitifs « aient passé brusquement de la plus grande indépendance à la soumission la plus entière aux magistrats. » Croira-t-on, demande-t-il, que dans ces sociétés naissantes, il y ait eu des contrats ou des conventions entre les citoyens et les magistrats? et il répond : « Non, sans doute. »

Au moyen de ce procédé historique, en apparence si innocent, Mably introduisait l'utopie dans l'organisation sociale. En présentant la société comme une simple continuation d'une idée abstraite ou d'une fiction

[1] *Du Développement de la Raison*, p. 11.

des historiens, il pouvait demander à la société de réaliser un idéal qui n'était rien qu'un rêve ou un raisonnement sur un état social purement hypothétique. Cette transformation de l'état de nature, que chacun pouvait se représenter à son gré en un prétendu état social, ouvrait la porte à toutes les chimères. Ce procédé, en raison de ses conséquences qui ne se firent pas attendre, réclame toute notre attention. Les utopies révolutionnaires de reconstruction sociale qui avaient pour but de rétablir l'état de nature, n'étaient, en effet, possibles qu'en oubliant que l'état de nature était l'antithèse de l'état social.

Mably n'a pas été d'ailleurs le premier parmi les écrivains du xviiie siècle qui soit tombé dans cette erreur. Il ne faisait en cela que suivre les traces des physiocrates ses adversaires. A M. de Loménie revient l'honneur d'avoir démontré le point original du raisonnement de Quesnay et de ses disciples sur le droit naturel. Tandis que les publicistes, avant Quesnay, voyaient dans le droit social une restriction du droit naturel, le fondateur de la *secte* des économistes soutenait « que l'homme naturel en entrant dans l'état social a eu pour but non pas de diminuer et d'affaiblir, mais, au contraire, d'étendre et de consolider ses droits naturels [1]. »

Les physiocrates voulaient fonder sur ce raisonnement le droit de propriété foncière et les réformes économiques et politiques qui dérivaient de la théorie du

[1] L. DE LOMÉNIE, *Les Mirabeau*, T. II, p. 297.

produit net; en attribuant le droit de propriété mobilière et même le droit de propriété foncière à l'état de
nature, ils érigaient ainsi ce droit de propriété foncière
« en un droit naturel absolu, fondé par la justice en
essence, et qui devait échapper à l'empire arbitraire et
variable des législations ».

C'est sur ce point que Mably attaquait les physiocrates; en s'appropriant leur procédé de déduction, il
croyait pouvoir démontrer que ce n'était pas la propriété foncière, mais la communauté de biens qui était
fondée sur la justice par essence et qui de l'état de
nature devait passer dans l'état social. Un des disciples
de Quesnay, Le Trosne, dit en termes clairs et précis
que le droit de propriété foncière, inhérent à l'état de
nature, devait passer dans l'état social avec les lois
de la liberté et de la propriété mobilière. « Ces lois
gouvernaient, dit-il, les rapports que les hommes avaient
entre eux antérieurement à l'établissement des sociétés
civiles; elles doivent les gouverner de même dans ce
nouvel état, car elles ne dérivent ni d'une convention
libre et révocable, ni d'une concession particulière, ni
d'aucune autorité humaine [1]. »

Cette question provoquait également les attaques de
Mably contre les physiocrates; il croyait pouvoir réfuter
leur doctrine en démontrant que la fondation de la
société est antérieure à l'établissement de la propriété;
et il s'efforce surtout de prouver que ce n'est point la

____

[1] V. DE LOMÉNIE. *Ib.* L'ouvrage de Le Trosne, *l'Ordre social*
ne se trouve pas dans la Collection des Économistes.

propriété qui a été la cause de la réunion des hommes en société, que ce n'est point pour s'assurer la jouissance de sa possession, comme l'affirment « des personnes qui passent pour philosophes [1] », qu'on a fait des lois et des magistrats; dans sa pensée, les hommes se sont rapprochés parce qu'ils avaient des qualités sociales et que leurs besoins les invitaient à s'aider et à se servir mutuellement.

Mais ces sociétés primitives se sont certainement formées avant que la terre fût assez peuplée pour que ses productions spontanées, la chasse et la pêche, ne pussent plus suffire à la subsistance de ses habitants. Pourquoi donc les hommes auraient-ils imaginé, dans cette situation, de cultiver les champs? Ce n'est que le besoin qui peut nous forcer à travailler. La terre n'avait alors aucun prix, aucune valeur; comment donc, s'écrie Mably, pouvaient-elles, ces nations primitives, avoir des propriétés? — Tels sont les arguments qu'il emploie pour persuader ses lecteurs que l'origine de la propriété fut postérieure à la formation des sociétés politiques; mais tout ce raisonnement n'a trait qu'à la propriété foncière, et il oublie l'existence de la propriété mobilière et le besoin d'en assurer la jouissance. Passant sous silence cette question, Mably estime avoir prouvé sa thèse que *les sociétés primitives ne connaissaient point la propriété*, et pose en conséquence son principe capital, que lorsque la propriété prit naissance, elle ne pouvait être qu'une propriété en commun. Il se

---

[1] *De la Législation*, p. 56.

refuse à admettre que les nations nomades, après avoir
enfin éprouvé le besoin de posséder des demeures fixes
et de cultiver la terre, il leur soit venu de suite à l'esprit
d'en faire le partage et d'établir des propriétés. « En
faisant un établissement nouveau, dit-il, il est de la
nature de notre esprit de se conduire encore par les
idées avec lesquelles l'habitude l'a familiarisé. Il est
donc raisonnable de penser que nos pères, obligés de
travailler pour se procurer une subsistance plus com-
mode, réunirent leur travail en commun, comme ils
avaient déjà réuni leurs forces pour former une puissance publique. Après avoir uni leur travail, ils
devaient le recueillir en commun. Vous voyez avec
quelle sagesse la nature avait tout préparé pour nous
conduire à la communauté des biens et nous empêcher
de tomber dans l'abîme, où l'établissement de la propriété nous a jetés. Pour moi, s'écrie-t-il, je vous l'avoue,
bien loin de regarder cette communauté comme une
chimère impraticable, j'ai de la peine à deviner comment on est venu à établir la propriété. » Comme on le
voit, Mably renvoie le reproche de chimère à ses adversaires, qui soutenaient que le droit de propriété était
un droit naturel, et qu'il tient l'explication de l'origine
de la propriété individuelle pour un problème plus difficile à résoudre que celui de prouver la communauté
primitive des biens. Nous n'insisterons pas sur les raisonnements à l'aide desquels il croit se tirer de la difficulté d'expliquer à son point de vue le premier partage des terres. On peut consulter sur cette question le
chapitre III de ses *Principes des lois* et sa polémique

contre les physiocrates. Mais il n'en est pas moins intéressant d'observer que sa philosophie de l'histoire présente sous ce rapport beaucoup de points analogues
avec celle de ses antagonistes mêmes, et en général
avec celle des écrivains du XVIII° siècle. Il expliquait l'in-
vention funeste de la propriété, qui avait, selon lui,
détruit la communauté naturelle des biens, exactement
comme les physiocrates expliquaient la déviation de
l'ordre naturel et essentiel des sociétés dans leur système, — par la faiblesse de la raison des temps primitifs,
— qui n'était pas encore éclairée par l'histoire et par la
philosophie ; il supposait, comme tous les réformateurs
radicaux de son siècle, comme Siéyès, par exemple,
qu'il manquait aux générations antérieures la connaissance des vrais principes politiques, l'intelligence de
ce véritable *art social*, que ce faiseur de constitutions
se proposait de fonder. Chez Mably une pareille explication ne provenait pas seulement de l'amour-propre
d'auteur, car elle était une conséquence de son système.
En effet, si les hommes ont perdu leur bonheur social
primitif par leur inexpérience, parce qu'ils ne connaissaient pas les vrais principes politiques, rien n'était
plus facile que de rétablir le paradis terrestre ; il n'y
avait qu'à se laisser guider par les philosophes qui
avaient découvert le *véritable esprit* des lois.

En exposant la doctrine de Mably, nous avons tâché
de faire ressortir le lien intime qui existe entre ses idées
et ses aspirations et celles de ses contemporains. C'est
ce rapprochement qui donne de l'intérêt à la doctrine de
cet auteur oublié, et qui fait de l'étude de ses ouvrages,

un devoir pour l'historien du xviiie siècle. Le système de Mably est un complément nécessaire pour comprendre le mouvement des esprits à cette époque, leurs points de départ, leurs préoccupations et leurs tendances ; d'un autre côté, ce mouvement des esprits, qui attirera toujours l'attention des philosophes et des historiens, explique pleinement l'origine et le but de son système. S'il y a chimère chez lui, il y a du chimérique chez les autres, et il ne pouvait en être autrement dans un temps que Mably désignait lui-même comme le siècle du paradoxe. Du reste, il faut avoir bien présent à l'esprit que l'utopie communaliste de cet écrivain n'était qu'une conséquence naturelle de son système moral, point important qu'on oublie généralement en parlant de la communauté des biens comme il la comprenait. Il est juste de se rappeler qu'en proposant cette communauté de biens comme un idéal social, il ne prêchait point le déchaînement des passions, n'irritait pas l'avarice, mais qu'au contraire l'extinction de ce vice était dans son système une condition préalable à la communauté de biens et qu'il voyait dans celle-là un préservatif contre les passions.

Quant à son système moral, il faut, pour lui rendre justice, le comparer avec les doctrines morales de ses contemporains. Il voulait, comme beaucoup d'entre eux, fonder la morale sur l'identité de la vertu avec le bonheur et sur l'harmonie complète entre l'intérêt personnel et l'intérêt général. Toutes ses erreurs proviennent de cette idée primitive ; mais il faut observer que, de toutes les doctrines qui s'établissaient sur cette base, le système de Mably était le seul qui fût conséquent et en même temps le plus moral. Un système qui dans ses conséquences ne craint pas le paradoxe, lui donne une certaine valeur et le rend instructif; tout ce qui déplaît et rebute dans les résultats prouve l'insuffisance du point de départ.

On peut en dire autant de son utopie sociale. Au début même de ce formidable mouvement vers l'égalité, il a bien constaté que tout système d'égalité parfaite suppose nécessairement une égale diminution de besoins et un égal affaissement du niveau intellectuel; que tout rêve socialiste et communiste ne serait réalisable qu'à condition d'une extinction entière de toutes ces passions qui se nourrissent ordinairement de ces espèces de rêves. Quant à la critique de son système, elle se présente d'elle-même. La chimère ne consiste pas tant dans la communauté des biens que dans cette extinction des passions, sans laquelle cette communauté n'est ni réalisable ni désirable. Mais supposons que cette chimère que se propose Mably dans ses *Principes de lois*, de rapprocher des vues de la nature au moyen de la législation les citoyens d'un État corrompu, soit devenu le but de la politique; alors surgira la question principale : qui doit être ce législateur? aux mains de qui peut-on confier cette autorité suprême? Quelle est la réponse de Mably? — Elle nous montrera l'obstacle invincible qui renverse son système et nous exposera en même temps sa théorie politique, qui a eu une si grande influence dans le siècle qui a préparé la révolution de 1789.

DEUXIÈME PARTIE

La transformation de la monarchie absolue du
xviii⁰ siècle en un gouvernement républicain, après un
court essai de monarchie constitutionnelle, est certainement le problème le plus intéressant et le plus grave
que nous présente l'histoire moderne de la France.
Quelles causes se sont opposées à la stabilité de ce
régime de monarchie libérale que tant d'esprits généreux avaient désiré et espéré à la fin du xviii⁰ siècle ?
Pourquoi l'idée monarchique qui s'était enracinée dans
les esprits par une habitude séculaire a-t-elle fait si
promptement place à l'idée républicaine? Nous n'avons
pas l'intention d'amoindrir la part qui revient dans cet
événement aux faits historiques et aux passions éveil-
lées par la lutte politique; nous ne voulons ici qu'attirer
l'attention sur l'influence profonde qu'ont eue sur le
sort de la France les idées politiques du xviii⁰ siècle.
Ce sont les théories politiques qui ont, pour ainsi dire,
réglé d'avance le cours des événements de 1789, qui
ont marqué au moins le but vers lequel tendaient les
passions prépondérantes. Et c'est en étudiant ces théories que nous avons trouvé le rôle et l'influence de
l'abbé de Mably trop négligés. Une étude plus appro-

fondie de ses ouvrages convaincra le lecteur que, dans l'histoire des théories politiques qui ont dirigé la révolution de 1789, une place importante doit être réservée à cet utopiste à côté des grands écrivains politiques du xviiie siècle, et qu'il s'est plus rapproché dans sa théorie du type politique définitivement adopté par le génie national de la France que ses plus illustres contemporains dont les noms sont à jamais liés à la gloire des événements de 1789.

On sait que la grande préoccupation de Montesquieu a été la *liberté*. C'est pour garantir cette liberté qu'il choisit pour son idéal politique la monarchie constitutionnelle avec la division du pouvoir entre un roi, une Chambre des Représentants du peuple, et une Chambre haute pour l'aristocratie héréditaire. La révolution de 1789, plus préoccupée de l'égalité que de la liberté, n'accepta pas ce programme fondé sur la pondération des pouvoirs. En éliminant la Chambre haute, l'Assemblée Constituante a sapé en même temps les fondements de la monarchie héréditaire et constitutionnelle. On sait d'autre part que la grande préoccupation de Rousseau fut le pouvoir immédiat du peuple, c'est-à-dire de la masse entière des citoyens adultes. C'est elle qui devait faire les lois, et le gouvernement ne devait être qu'une commission administrative éligible aux termes les plus courts et révocable à volonté. Tel était l'enthousiasme de Rousseau pour le pouvoir immédiat du peuple qu'il avait en horreur tout système de gouvernement représentatif et que le choix d'un représentant était à ses yeux un acte aussi indigne d'un citoyen que l'achat d'un remplaçant dans le service militaire pour la défense de la patrie.

En vrai citoyen de Genève, Rousseau se préoccupait peu de la possibilité de rassembler une population de vingt-cinq millions d'hommes pour exprimer la volonté générale sur toutes les matières de législation, ou du danger de tenir toujours en suspens le gouvernement d'un grand État. La révolution de 1789 ne réalisa pas les vœux de Rousseau, et après quelques tentatives, qui n'eurent pas de suite, de donner dans la législation une part immédiate au peuple, le gouvernement représentatif s'établit définitivement en France. Quant à l'abbé de Mably, son idéal politique était une Assemblée de Représentants unique et législatrice et un pouvoir exécutif dépendant de cette assemblée, — c'est ce qu'on peut considérer comme la solution française du problème démocratique en l'opposant à la théorie du citoyen de Genève, et c'est précisément ce type politique que voulaient réaliser les deux premières assemblées nationales de la France.

Nous signalerons encore une autre différence entre Mably et les deux grands écrivains politiques que nous venons de nommer. Ni Montesquieu ni Rousseau ne faisaient d'application de leurs théories à la France. Montesquieu, après avoir donné son beau tableau du régime constitutionnel de l'Angleterre, se défend contre tout soupçon de vouloir donner un régime pareil à sa patrie. « Je ne prétends point, dit-il, par là ravaler les autres gouvernements ni dire que cette liberté politique extrême doive mortifier ceux qui n'en ont qu'une modérée. Les monarchies que nous connaissons n'ont pas, comme celle dont nous venons de parler, la liberté pour leur objet direct ; elles ne tendent qu'à la gloire des citoyens, de l'État et du prince. Mais de cette gloire il résulte un esprit de liberté qui dans ces États peut faire d'aussi grandes choses et peut-être contribuer autant au bonheur que la liberté elle-même. » Rousseau, en détruisant par sa critique passionnée les fondements de tout État social et de tout gouvernement qui ne fût pas établi sur l'égalité et la volonté générale, montrait une méfiance extrême touchant l'application de ses propres principes à la France et reprochait à l'abbé de Saint-Pierre de ne pas respecter assez les traditions d'une monarchie de treize siècles.

Nous ne rencontrons chez l'abbé de Mably aucune hésitation pour passer de la théorie à la pratique. On oublie trop de nos jours qu'il était du petit nombre de ceux qui, sous le poids de l'absolutisme, non encore ébranlé, demandèrent formellement la convocation des états généraux et qu'il a beaucoup contribué à fixer l'opinion sur ce point capital.

Le premier, il a entrevu et expliqué le moyen d'accélérer cette convocation et de forcer la monarchie à se démettre elle-même de ses pleins pouvoirs. A l'époque où tout le monde était encore préoccupé de la question du jansénisme qui excitait la discorde entre le gouvernement et le Parlement de Paris, et que la popularité des Parlements était à son apogée, parce qu'on voyait dans l'opposition de ces corps une barrière contre le despotisme, — Mably prévoyait clairement ce qui arriva trente ans plus tard, et conseillait aux Parlements de concentrer toute leur opposition bruyante et infructueuse sur un seul point : — la demande des états généraux.

Le gouvernement de Louis XV était alors très gêné par la guerre qu'il soutenait dans les trois parties du monde, et les Parlements tâchaient de se prévaloir du droit de vérifier les édits bursaux pour accroître leur importance et faire plier le gouvernement aux volontés de ces corps privilégiés. Mais, aux yeux de Mably, ce n'était pas la prépondérance des Parlements que devait désirer la France ; leurs privilèges, que la monarchie n'avait pu détruire, devaient devenir « l'ancre de salut » pour ressusciter les libertés de la nation.

C'est ainsi qu'il dressa, en automne 1759, un projet de faire servir les Parlements à la cause de la liberté politique. Nous n'insisterons pas sur ce plan parce qu'il ne fut connu qu'en 1789, mais il est d'autant plus digne de l'attention des historiens qu'il a une valeur toute prophétique et que les conseils qu'il donne aux Parlements ont été pour ainsi dire littéralement suivis par eux dans les dernières années de l'ancien régime. L'ouvrage de l'abbé de Mably n'avait pas été imprimé, ce qui aurait pu avoir lieu au moins sans y mettre son nom ; était-ce par répugnance pour ce travestissement littéraire qu'il réprouvait si fortement chez Voltaire, ou parce que, dans sa pensée, les esprits n'étaient pas encore mûrs pour adopter son plan ? Nous l'ignorons. Il est vrai qu'en 1759 les Parlements étaient encore trop convaincus de la possibilité de dominer eux-mêmes le gouvernement et de diriger en même temps l'esprit public pour insister sur la convocation des états généraux et se contenter d'un rôle inférieur.

Mably, toutefois, n'abandonnait pas son plan de contribuer par ses écrits à la convocation des états généraux. Il se servit dans ce but d'un moyen plus sûr et plus sérieux que le pamphlet politique; — il fit parler la voix de l'histoire de la France, moyen auquel une certaine érudition et une impartialité apparente pouvaient prêter une autorité plus noble et plus persuasive.

L'histoire a dans tous les pays servi de champ de bataille aux partis politiques; mais c'est surtout en France qu'elle a fourni aux écrivains, par la richesse, l'ancienneté et l'obscurité relative de ses sources, les moyens d'appuyer leurs théories sur des faits de la vie nationale.

Ce fut le parti de la *Réforme* au xvie siècle qui le premier eut l'idée de se servir du passé de la France pour fonder la liberté de l'avenir et qui du premier abord, en expliquant les origines de ce passé, établit clairement et exactement le programme politique que réalisa la révolution de 1789. Réfugié à Genève après le massacre de la Saint-Barthélemy, le savant jurisconsulte François Hotman commença, comme il le dit dans la préface de sa *Franco-Gallia,* à chercher dans ses études historiques un remède aux maux qui opprimaient son parti et en même temps affligeaient la patrie commune, misérable et infortunée. Ce remède, il l'avait bientôt trouvé. En transplantant l'idéal politique de la démocratie protestante à l'origine de la

France, il crut découvrir la *Constitution essentielle* de la monarchie française, qui, selon lui, « avait été en vigueur plus de mille ans, » qui prouvait la sagesse des ancêtres, et qui pouvait encore donner la paix à la France si celle-ci voulait « revenir à sa Constitution primitive et en quelque sorte naturelle ». La loi fondamentale de cette Constitution consistait dans la souveraineté du peuple exercée par le Grand Conseil national : ce conseil qui, d'après Hotman, était le vrai souverain, qui faisait les lois, jugeait et déposait les rois, ratifiait, à chaque nouveau règne, la succession royale par héritage et dans lequel résidait le pouvoir de régir et d'administrer. Cette *République*, comme Hotman la désignait dans son ouvrage latin, fondée et établie sur la liberté, avait, selon lui, prévalu contre toutes les usurpations et la puissance des tyrans, et ce n'est que de cent ans que l'auteur datait le triomphe de la tyrannie. La paix et la tolérance religieuse que l'Édit de Nantes assurait aux réformés leur fit oublier leur idéal politique, et l'époque glorieuse de Louis XIV donna aux recherches historiques une tout autre direction. Le patriotisme fut leur point de départ et la gloire nationale leur but principal. Mais le déclin de la royauté absolue vit aussitôt renaître les passions politiques, transformées en systèmes plus ou moins savants sur l'histoire de la France. On connaît les théories historiques du comte de Boulainvilliers et de l'abbé Dubos. Montesquieu a bien jugé ses prédécesseurs quand il dit qu'ils avaient établi chacun un système dont l'un semble être une conjuration contre le tiers état et l'autre une conjuration contre la noblesse. Il en manquait, comme on le voit, un troisième, — la conjuration contre la monarchie : l'abbé de Mably le fournit peu de temps après.

Dans l'histoire comme dans la morale et la politique, Mably n'est pas l'inventeur d'un système entièrement nouveau, fondé sur un principe original. Il bâtit sur le terrain préparé par ses devanciers et avec des matériaux qu'il trouve chez eux ; mais il rectifie leurs idées et leurs plans d'après son point de vue, les combine d'une façon qui lui est propre et il en fait un système original et paradoxal qui sert admirablement aux besoins et aux passions de son temps. Ainsi, dans ses *Observations sur l'histoire de France*, Mably ne fait que reproduire la doctrine du savant réfugié, qui avait érigé l'idéal politique de la bourgeoisie huguenote en loi fondamentale de la monarchie française; mais, en même temps, il élargit et rectifie la conception historique de Hotman et il parvient de cette manière à retrouver, dans les origines de la France, le programme tout complet de la démocratie radicale du xviiie siècle. Depuis deux cents ans l'érudition historique avait fait de grands progrès et, malgré toutes ses erreurs, il fallait compter avec les systèmes qu'elle avait produits. Hotman s'était singulièrement facilité sa tâche ; il ne voyait dans les *Francs* que des *hommes libres*, qui étaient venus en Gaule en *libérateurs* et qui avaient affranchi les Gaulois du joug des Romains, et fondé chez eux un État libre. Mais, au xviiie siècle, surtout après les ouvrages de Boulainvilliers et de Dubos, on ne pouvait se contenter d'une pareille explication. Mably était obligé d'accepter avec Boulainvilliers le fait de la *conquête* de la Gaule par les Francs, s'il ne voulait pas tomber dans la thèse monarchique de Dubos, d'après laquelle le gouvernement des rois francs n'était qu'une continuation directe du pouvoir des empereurs romains qui leur avaient conféré leurs dignités par un traité formel. Mais, tout en avouant la conquête, Mably était bien éloigné de vouloir en tirer les mêmes conclusions que le champion de l'aristocratie féodale et de réserver la liberté des *Francs* pour les conquérants seuls et pour leurs successeurs les *seigneurs* féodaux. Afin de parer à cette difficulté, Mably mit à profit une erreur de Montesquieu qui admettait la théorie du « choix libre des lois personnelles », c'est-à-dire la supposition qu'après la conquête les vaincus avaient le droit de rester sous la loi romaine ou *d'accepter les lois saliques* qui leur conféraient tous les avantages des conquérants. Mably étendait ainsi la souveraineté nationale et la liberté que la tribu des *Francs* avait apportées *des forêts de la Germanie* à toute la population *de la monarchie française* établie au vᵉ siècle. Mais il y avait encore une autre rectification à faire dans la doctrine de Hotman. Cette victime du fanatisme religieux s'était contentée de rêver dans les origines de sa patrie une liberté entière et complète sans en approfondir les principes. Il en résultait un système politique incohérent, une espèce de monarchie anarchique. Son Grand Conseil national faisait et votait les lois, jugeait et déposait les rois à volonté, nommait à

tous les emplois et dignités et administrait lui-même
le royaume.

Au xviiie siècle, et surtout après la publication de
l'*Esprit des lois*, un système politique de cette nature
ne pouvait paraître qu'une monstruosité. Les contemporains de Mably, libéraux et radicaux, aspiraient à
une liberté réglée par un système politique en rapport
avec des pouvoirs bien distribués et pondérés. Pour
donner à ce système, tel que le voulait l'abbé de Mably,
un fondement et un droit historiques, il était nécessaire de prouver qu'il avait existé de tout temps et de
montrer sa priorité par rapport à la monarchie française.

C'est ce qu'entreprit l'auteur des *Observations sur l'histoire de France*, en faisant suivre son récit historique
de dissertations sur les anciens textes et de contro-
verses archéologiques. Afin d'établir que tel était le système politique établi à l'origine par les Francs de Clovis,
Mably emprunte la description que Tacite nous donne
des institutions des anciens Germains, mais en tradui-
sant les paroles de l'historien romain dans le langage
politique du xviiie siècle. C'est ainsi qu'il retrouve
« dans les monuments les plus anciens et les plus res-
pectables de l'histoire, chez les Francs, une assemblée
générale en qui résidait la puissance législative, et un
conseil composé du roi et des grands qui n'était chargé
que du pouvoir exécutif ou de décider provisionnelle-
ment les affaires les moins importantes ou les plus
pressées ; » il arrive donc à cette conclusion que « les
Français étaient souverainement libres ».

Les conquêtes de Clovis transplantèrent cette liberté souveraine dans la Gaule romaine. Les Gaulois « qui renoncèrent à la loi romaine pour vivre sous la loi salique ou ripuaire jouissaient des prérogatives propres aux Français; de sujets devenaient citoyens, avaient place dans les assemblées du Champ de Mars et entraient ainsi en part de la souveraineté et de l'administration de l'état [1] ».

Mably, du reste, fait assez prudemment certaines restrictions à l'égard de ce système; ainsi il prétend que la plupart des pères de famille dans la Gaule conquise ne s'incorporèrent pas à la nation française et continuèrent à être sujets. Il explique cette indifférence par le long despotisme des empereurs romains qui, en affaissant les esprits, les avait accoutumés à ne pas même désirer d'être libres.

Il fait valoir encore une autre raison, c'est que « les principes du gouvernement populaire apporté de Germanie furent ébranlés et détruits presque aussitôt que les Gaules furent conquises » par les usurpations des rois et la tyrannie des grands.

Ce fâcheux état de choses n'empêche cependant pas Mably de s'élever avec force contre « les écrivains modernes entre les mains desquels les attentats infâmes dont nos chroniques sont souillées sont devenus autant d'arguments pour prouver que le gouvernement des Français était et devait être purement arbitraire [2] »; il

[1] *Observations sur l'histoire de France*, T. 1, p. 151.
[2] *Ibid.*, p. 168.

leur reproche d'avoir conclu du fait au droit, d'avoir
pris l'abus des mœurs pour la loi politique et pour la
constitution naturelle de l'état—la contorsion forcée dans
laquelle la violence d'une part et la faiblesse de l'autre
tenaient le corps entier de la nation. « Mais les faits,
dit-il, ne supposent ni ne donnent aucun droit, s'ils ne
sont reconnus pour les actes d'une autorité légitime.
La loi qui les condamne est violée et non pas détruite ;
et cette loi qui n'a pas été la règle de quelques princes
ou de quelques citoyens avares, sanguinaires et ambitieux, doit au moins en servir aux philosophes qui
jugent leurs actions. »

Confondant ainsi le raisonnement du philosophe sur
les principes abstraits avec le droit réel qui subsistait
en se transformant aux différentes époques historiques,
Mably a beau jeu contre les faits de l'histoire. Ainsi, le
changement survenu en France par le fait du détrô-
nement de la famille des Mérovingiens par leur
maire du palais, n'est pour le philosophe qu'un rétablissement de la souveraineté originaire du peuple français.

Selon Mably, « Pépin ne voulut recevoir la couronne que
comme un don de son peuple et le peuple ne la donna
qu'après avoir consulté le pape Zacharie [1]. » Mais bien
que *les événements aient ainsi ramené le règne des lois*, ce
n'est pas à Pépin que Mably en fait l'honneur. Le véritable restaurateur de la liberté complète et de la souveraineté incontestée de la nation française, c'est, pour lui,
Charlemagne, et le règne de ce monarque est l'argument

---

[1] *Observations sur l'histoire de France*, T. I, p. 207.

invincible de notre philosophe contre la monarchie absolue du xviiie siècle, — la partie de son roman politique qui devait produire le plus d'effet. Le démocrate Hotman et le comte de Boulainvilliers, si imbu des idées féodales, avaient déjà célébré le grand empereur comme un monarque libéral et constitutionnel ; Mably le pare de toutes les qualités que la philosophie du xviiie siècle exigeait d'un souverain idéal, et en fait le type imaginaire de cette *Monarchie Républicaine* [1] dont on commençait à rêver de son temps et qui devait si promptement se transformer en république. « Du milieu de la barbarie où le royaume des Français était plongé, » Mably le voit « sortir à la fois philosophe, législateur, patriote et conquérant »; il le fait « connaître les droits imprescriptibles du peuple et avoir pour lui cette compassion mêlée de respect avec laquelle les hommes ordinaires voient un prince fugitif et dépouillé de ses États [2] ».

Quoique, d'après Mably, le règne des lois eût été déjà rétabli par Pépin, il s'efforce de prouver à ses lecteurs, que les Français étaient perdus, si Charlemagne eût eu moins de vertu que de génie. Il n'avait qu'à ne pas s'opposer au cours des événements qui devaient produire les vices des Français et la nation allait se trouver asservie au gouvernement le plus arbitraire. C'eût été un jeu pour un génie aussi grand et aussi fécond en ressources que de tourner à son profit les divisions de

---

[1] Voy. *La Démocratie dans la Monarchie*, par le marquis d'Argenson, dans le Ve volume de ses Mémoires.

[2] *Observations sur l'histoire de France*, T. I, p. 221.

ses sujets et d'élever la prérogative royale sur la ruine commune de leurs privilèges. »

Cet éloge est suivi d'un raisonnement que nous citons comme un curieux spécimen d'éloquence politique du xviiie siècle à l'adresse du gouvernement de Louis XV pendant sa lutte avec les Parlements. « Bien des princes, en pareil cas, ont cru qu'ils devaient se rendre tout puissants pour donner de la force aux lois, mais souvent, en aigrissant les esprits, ils n'ont éprouvé qu'une plus grande résistance. S'ils ont réussi, il ont presque toujours abruti leurs sujets par la crainte; ou, s'ils ont été assez éclairés pour ne pas abuser du pouvoir qu'ils ont acquis, ils l'ont laissé à des successeurs indignes d'eux; et le bien passager qu'ils ont produit contre les règles et par force, est devenu l'instrument d'une longue calamité. Charlemagne, dont les vues embrassaient également l'avenir et le présent, ne voulut pas faire le bonheur de ses contemporains aux dépens de la génération qui lui succéderait; il apprit aux Français à obéir aux lois en les rendant eux-mêmes leurs propres législateurs. »

Charlemagne fit ce que Louis XV aurait dû faire. Pépin avait commencé la réforme en se faisant une règle de convoquer tous les ans le clergé et les chefs de la noblesse pour conférer sur la situation et les besoins de l'État. Charlemagne perfectionna ce système; il fixa la tenue périodique de l'assemblée deux fois l'an, et sa première loi fut d'exiger l'exactitude des membres de l'assemblée. Mais la plus grande réforme de Charlemagne lui fut inspirée par son génie populaire.

« Il ne crut pas qu'il suffît d'appeler les grands aux
assemblées; quelque humilié que fût le peuple depuis
l'établissement des seigneuries et d'une noblesse héréditaire, il en connaissait les droits imprescriptibles et fit
tous ses efforts pour lui faire restituer une partie de sa
première dignité; ce fut autant par esprit de justice
que parce qu'il savait que c'était le seul moyen de
l'intéresser au bien public, de rapprocher la noblesse
et le clergé du prince et de les préparer sans effort à
renoncer à la tyrannie qu'ils affectaient, et qui faisait
le malheur du royaume. » Mably dit que Charlemagne
fut enfin assez heureux pour que les grands consen-
tissent à laisser entrer le peuple dans le champ de
Mars, qui ainsi redevint véritablement l'assemblée de la
nation.

« Mais comme le pays était devenu trop étendu et que
les Français s'étaient extrêmement muliptliés par la natu-
ralisation des étrangers, » Mably fait établir par Charlemagne un nouvel ordre de choses. Il lui fait inventer
le système représentatif et régler que chaque comté
députerait douze représentants à l'assemblée nationale.
La quantité relative des matériaux historiques datant de
l'époque carlovingienne et une interprétation arbitraire
des textes fournissent à Mably le moyen de nous présenter l'assemblée nationale de Charlemagne comme
un modèle de l'art politique. Il est d'autant plus curieux
de la voir fonctionner que dans le tableau qu'il nous
en fait on voit se refléter les théories constitution-
nelles et les aspirations politiques qui préparèrent les
événements de 1789.

L'assemblée nationale possédait l'autorité suprême. C'est là que se réglait l'état de tout le royaume pour l'année courante et ce qu'on y avait une fois arrêté n'était jamais changé. Le roi ne se crut jamais exempt d'obéir à l'assemblée ; il observa toujours les lois parce qu'elles servaient de fondement à sa grandeur et pour apprendre à ses sujets à les respecter. Par respect pour la liberté publique, Charlemagne n'assistait même pas aux délibérations de l'assemblée, mais il en était l'âme par le ministère de quelques prélats ou de quelques seigneurs bien intentionnés, auxquels il avait communiqué une partie de ses vues et de ses lumières. L'assemblée était divisée en trois ordres. Quelquefois, les trois chambres séparées du clergé, de la noblesse et du peuple se réunissaient soit pour se communiquer les règlements que chaque ordre avait faits par rapport à ses intérêts particuliers, soit pour discuter les affaires mixtes,

Le prince ne se rendait à l'assemblée que quand il y était appelé pour servir de médiateur ou pour donner son consentement à ses arrêtés. Alors il proposait quelquefois lui-même ce qu'il croyait le plus avantageux à l'État.

Certes cette image du système politique de Charlemagne, sans valeur pour l'histoire du VIIIe siècle, en a une d'autant plus grande pour celle du siècle passé ; elle nous présente le premier programme révolutionnaire, programme qui n'exclut pas encore les ordres privilégiés des états généraux, mais qui tend à réunir les ordres dans une assemblée nationale et surtout à

faire disparaître le pouvoir royal devant l'assemblée
des députés.

C'est ainsi que Mably réduit le pouvoir législatif de
Charlemagne à un droit de consentement, « qui n'est
jamais refusé aux arrêtés de l'assemblée, » et à un simple
droit de proposition. L'historien, il est vrai, est obligé
de reconnaître que les capitulaires de Charlemagne
contiennent les expressions : « nous voulons, nous
ordonnons, nous commandons »; mais ces textes ne le
troublent point; « ces expressions, dit-il, qui ont fait
croire à plusieurs écrivains que la puissance législative
appartenait tout entière au prince, ne présentaient point
alors à l'esprit les mêmes idées que nous y avons atta-
chées depuis; Charlemagne voulait, ordonnait, com-
mandait, parce que la nation avait voulu, ordonné,
commandé et le chargeait de publier ses lois, de les
observer et d'en être le protecteur et le vengeur. »

Mably arrive en conséquence à cette conclusion « qu'il
n'est pas permis de douter que la puissance législative
ne résidât au temps de Charlemagne dans le corps de la
nation ».

Cette constitution était si parfaite qu'elle « fit des
Français une nation toute nouvelle ». Elle établit
l'union entre les différents ordres, qui oublièrent leurs
anciennes inimitiés et produisit un tel amour de la
patrie et de la gloire « que rien ne put résister aux
Français ». Aussi est-ce à elle que Mably attribue les
innombrables conquêtes de Charlemagne.

Mais cette constitution ne survécut pas à son auteur
et l'explication qu'en donne Mably est très intéressante

pour l'histoire des idées politiques du xviiie siècle.
L'assemblée de la nation possédait, il est vrai, la puissance législative ; mais si l'on y fait bien attention, dit
Mably, ce n'était en quelque sorte que d'une manière
précaire parce que l'extrême ignorance et les vices
des Français n'avaient pas permis à Charlemagne de
se dessaisir de quelques parties de la puissance exécutive [1]. Celles qu'il n'aurait pas retenues entre ses
mains auraient été mal administrées et seraient devenues
un obstacle à ses desseins. Pour prévenir cet inconvé-
nient il y laissait un défaut qui pouvait les renverser
sous un prince moins sage que lui. « En effet, dit Mably,
pour peu qu'on soit instruit des causes qui, dans tous
les temps et dans tous les pays libres, ont occasionné
des désordres et des révolutions, on jugera sans peine
que rien n'est plus dangereux que de confier à la même
personne l'exécution des lois dans toutes les branches
différentes de la société. Il n'est pas possible que cette
masse énorme d'autorité ne donne enfin au simple protecteur des lois le droit de les éluder, de les violer et
d'en faire à son gré de nouvelles. Il acquerra une considération qui insensiblement le fera regarder comme
un maître. »

Par ces raisons Mably reproche à Charlemagne de
ne s'être pas dépouillé du droit de conférer en béné-
fices les terres de son domaine et de la prérogative de
disposer des comtés et des autres magistratures au lieu
d'abandonner ce droit à l'assemblée de la nation. Il

____

[1] *Observations sur l'histoire de France*, T. 1, p. 252.

est vrai qu'il indique encore d'autres causes qui devaient amener la décadence du régime politique , inau-
guré par ce souverain, — et en particulier la barbarie
du siècle et la corruption des mœurs. Mais, quoi qu'il en
soit, la principale leçon que le théoricien du xviiie siècle
tire de l'histoire de Charlemagne reste toujours la
même, c'est la nécessité d'attribuer tout le pouvoir
législatif à l'assemblée de la nation, et de ne pas confier au roi même le pouvoir exécutif dans toutes ses
branches. Mably ne tient nullement compte que sa
leçon politique est en pleine contradiction avec ce qu'il
dit sur l'établissement du régime féodal sous les successeurs de Charlemagne. Il nous semble clair que
« l'absurde et tyrannique gouvernement des fiefs » ,
sous lequel « chaque terre fut une véritable prison pour
ses habitants », a été [1] la suite nécessaire de l'affaiblissement du pouvoir des rois et non de la trop grande
part de pouvoir exécutif qu'on leur avait laissée. Mais
ce qui peint d'une façon remarquable la disposition des
esprits au xviiie siècle, c'est que la défiance envers le
pouvoir monarchique était devenue si forte chez les
écrivains de la trempe de Mably, que même leur aversion contre la féodalité les avait amenés à ne pouvoir
apprécier plus ou moins justement et impartialement le
rôle historique de la monarchie en France. Mably, en
racontant comment la ruine de ce qu'il nomme « les
quatre appuis du gouvernement féodal » a été amenée
par le pouvoir croissant des rois, est bien obligé d'avouer

---

[1] *Observations sur l'histoire de France*, T. I, p. 302.

« que les progrès seuls de la fortune des Capétiens pouvaient faire cesser l'anarchie [1] ».

Mais au lieu de démontrer ce principe et de le
développer, il laisse percer partout son mécontentement « de ce que le peuple ne recouvra pas ses anciens
droits politiques », et il tâche d'amoindrir l'influence
salutaire du pouvoir monarchique par des observations
amères ou des insinuations qui ne sont souvent qu'un
étrange anachronisme. Ainsi, en expliquant l'affranchis-
sement des communes par « la politique adroite de
Louis le Gros », Mably remarque que ce prince « ren-
dit son joug plus léger et vendit à ses sujets comme
des privilèges des droits que la nature donne à tous
les hommes [2]. » En arrivant enfin à la convocation
des premiers états généraux, il « n'y voit qu'une
image de celle que Charlemagne avait autrefois convoquée « et reproche à Philippe le Bel « qui avec un peu
d'amour du bien public aurait été assez habile et assez
puissant pour établir l'amour et la paix entre les trois
ordres [3] », d'avoir excité leurs passions et leurs jalousies, « ce qui devint la source des malheurs extrêmes
que la nation éprouva sous le règne des Valois. »

A propos de cette première réunion de la nation
française par Philippe le Bel dans une assemblée générale, nous trouvons chez Mably un raisonnement assez
curieux, auquel la suite des événements a donné un
sens prophétique, mais dont probablement l'auteur lui-

[1] *Observations sur l'histoire de France,* T. II, p. 51-54.
[2] *Ibid.,* T. II, p. 54.
[3] *Ibid.,* T. II. p. 109.

même ne comprenait pas alors toute la portée. « Les princes, dit-il, n'osent communément convoquer l'assemblée des différents ordres de l'État, parce qu'ils craignent de voir s'élever une puissance rivale de la leur : mais cette crainte n'est fondée que dans les pays où des idées d'une sorte d'égalité entre les citoyens et de liberté publique portent naturellement les esprits à préférer dans leur gouvernement la forme républicaine à toute autre. » Les événements qui se déroulèrent de 1789 à 1792, justifient ce raisonnement; il serait cependant intéressant de savoir si, dans sa pensée, Mably espérait tromper le gouvernement de Louis XV en l'encourageant à recourir à une assemblée des états généraux ou s'il se trompait lui-même sur le progrès qu'avaient fait en France les idées d'égalité et de liberté publique et sur leur résultat imminent.

En publiant, en 1765, la première partie de ses *Observations sur l'histoire de France*, Mably s'était arrêté à l'avènement au trône de la dynastie des Valois; il n'avait pu ainsi qu'effleurer la question des états généraux. Mais il avait assez flatté les aspirations politiques de son temps pour assurer un grand succès à son ouvrage. « Il avait, dit l'abbé Brizard, tiré de dessous les débris du colosse féodal les chartes de la liberté et des droits des citoyens; » — « il s'était plus attaché à faire connaître les droits du peuple que les caprices des rois; » — c'était assez pour présenter son œuvre et la faire accepter comme la meilleure et même la seule histoire du gouvernement de la France.

Son apologiste avait à son point de vue, à peu près

raison lorsqu'il affirmait devant l'Académie des inscriptions que les principes de Mably ont été « adoptés
par tous ceux qui n'ont point l'âme servile, les bons
citoyens, tous les Français qui aiment encore la patrie[1] ».
En effet, même le parti des philosophes, qui rendait à
Mably si amplement le dédain qu'il leur portait, crut
nécessaire de mêler cette fois quelques compliments
aux observations critiques sur son talent et sa manière
d'écrire. Toute la société libérale et éclairée de l'époque
applaudit aussi aux deux grandes *découvertes* de cet
historien politique que l'auteur de son éloge prenait
soin d'expliquer de la manière suivante : « Il avait placé
le berceau de la monarchie sur une constitution libre
et républicaine ; et il avait offert un modèle à tous les
rois — c'était Charlemagne — le philosophe, le patriote
et le législateur, *abjurant* le pouvoir arbitraire, toujours
funeste aux princes. » Il n'y eut alors en France qu'un
seul parti mécontent du livre de Mably. La pensée se
porte tout naturellement sur la cour et sur les ministres
de Louis XV ; mais ce fut justement le principal ministre
du roi qui protégea le livre et l'auteur, et ce fut du côté
du pouvoir qui faisait d'ordinaire opposition au gouvernement, c'est-à-dire du Parlement, que vinrent des
menaces de poursuite. Grimm raconte dans sa *Correspondance littéraire* que, quoique dans la première partie
de son ouvrage Mably n'eût fait qu'indiquer les moyens
par lesquels les Parlements usurpèrent une partie de la

---

[1] BRIZARD, *Éloge historique de Mably*, dans les œuvres compl. de
celui-ci, T. 1, p. 24.

puissance nationale en conspirant avec l'autorité contre
les états généraux, — cette doctrine parut si dangereuse que l'on fut prêt à la dénoncer au Parlement et
en décréter l'auteur ; il n'y eut, dit Grimm, que l'amitié
active de l'abbé Quénel, précepteur de Mgr le duc de
Penthièvre, qui para le coup grâce aux sollicitations
de MM.^{mes} de Brionne et d'Enville, et surtout par
la protection de M. le duc de Choiseul, l'influence
ministérielle ayant alors quelque pouvoir sur les dispositions du Palais.

Nous ne nous arrêterons pas sur la seconde partie des
Observations de Mably, puisqu'elle ne fut publiée
qu'en 1788 et disparut pour ainsi dire dans le grand
mouvement des esprits à la veille de la Révolution. Elle
a été écrite dans les dernières années du règne de Louis XV,
lors du coup d'État du chancelier Maupeou contre les
Parlements, et le récit de l'historien se ressent de la
lutte mémorable qui divisait alors les esprits. L'ouvrage
de Mably est dirigé contre les deux partis qui se dispu-
taient le pouvoir, — « contre le despotisme de la cour
et l'aristocratie des Parlements ». Le rôle historique et
l'esprit traditionnel des Parlements y sont développés
d'une façon remarquable par l'auteur. Les événements
dont il était témoin lui ont fait comprendre le passé, et
cela donne à cette partie de son ouvrage une certaine
valeur scientifique : c'est de l'histoire plus ou moins
réelle au lieu de ce roman politique basé sur une interprétation pédantesque, mais fausse et arbitraire, des
textes, que nous présente la première partie. Cependant
les louanges avec lesquelles la *Correspondance littéraire*

accueillit cette fois l'ouvrage de Mably paraîtront de nos jours bien excessives ; l'auteur de la *Correspondance* y trouve des morceaux « dignes de Tacite » et le désigne comme « le plus précieux monument, sans doute, que l'on ait encore élevé sur les débris de notre histoire [1] ». A la fin du xviii° siècle on était fort engoué de Tacite que l'on voyait dans toute déclamation contre le pouvoir arbitraire. Ce sera assez de dire, — et cet éloge ne nous semble pas insignifiant, — que ces volumes de Mably méritent d'être médités par tous ceux qui s'intéressent à l'histoire de la lutte entre le pouvoir royal et l'ancienne magistrature.

Mably qui n'osait pas publier son ouvrage de son vivant, le désignait à ses amis comme *son testament* et ce qu'il voulait dire par ce mot est clairement indiqué dans la conclusion de son ouvrage [2]. Après avoir constaté « que les rois n'ont rien gagné à séparer leurs intérêts de ceux de la nation et à se regarder plutôt comme les maîtres d'un fief que comme les magistrats d'une grande société, » il continue : « Il est aisé d'apercevoir qu'en détruisant les états généraux, Charles le Sage a été l'auteur de tous les maux qui ont depuis affligé la monarchie ; il est aisé de démontrer que le rétablissement de ces états, non pas tels qu'ils ont été mais tels qu'ils auraient dû être, est seul capable de nous donner les vertus qui nous sont étrangères et sans lesquelles un royaume attend dans une éternelle langueur le moment de sa destruction... »

[1] GRIMM, *Correspondance*, T. III, 4, p. 656.
[2] *Observations sur l'histoire de France*, T. III, p. 270.

« Le passé doit nous instruire de l'avenir ; et puisqu'on a vu trois ou quatre princes dans toute l'histoire,
qui ont donné volontairement des bornes à leur autorité
pour la rendre plus ferme et plus durable, il n'est pas
impossible que cet événement se renouvelle parmi nous,
mais il serait insensé de l'attendre avec nonchalance. Il
peut, et il doit nécessairement arriver dans la suite des
temps, que le royaume se trouve dans une telle confusion
que le gouvernement soit forcé de recourir à la pratique
oubliée des états généraux. Mais si la nation elle-même
n'est pas en état, par son amour pour la liberté et par
ses lumières politiques, de profiter de cet événement,
ces nouveaux États ne produiront pas un effet plus salutaire que les états d'Orléans et de Blois ; ils ne remédie-
ront point aux maux présents et ne feront rien espérer
d'avantageux pour l'avenir. »

De quelle manière donc la nation devait-elle profiter
de la convocation des états généraux prévue par
Mably ? Quel est le programme politique qu'elle devait
suivre ? — Avant d'étudier ce programme nous devons
fixer notre attention sur un ouvrage de Mably, antérieur
à cette seconde partie de ses *Observations sur l'histoire
de France*. Il est le mieux écrit et mériterait réellement
d'être réimprimé. Si les *Observations sur l'histoire de
France* ne peuvent intéresser de nos jours que ceux qui
font de l'historiographie française un objet d'étude
spécial, le discours de Mably sur *l'Étude de l'histoire* est
d'un intérêt général, c'est un livre indispensable pour
l'étude du XVIIIe siècle et pour la connaissance de ce
qu'on a si bien appelé *l'esprit révolutionnaire*.

Ce livre est un appel aux souverains de se désister de leur pouvoir arbitraire. Dans ses *Observations sur l'histoire de France*, Mably voulait montrer que la constitution primitive des Français a été une démocratie où le roi ne possédait que le pouvoir exécutif ; en célébrant Charlemagne comme le restaurateur de la liberté nationale, son but était de prouver que mettre des bornes à son pouvoir était le parti le plus glorieux et le plus avantageux que pût prendre un monarque sage et grand ; dans le discours sur l'*Etude de l'histoire*, il s'adressait directement aux princes en leur conseillant de rendre l'autorité suprême aux états généraux ou aux assemblées des représentants du peuple. Ici, Mably ne parle plus en observateur et en historien ; il s'érige en maître des rois, et il leur demande de suivre enfin les leçons de l'histoire et la voix de la raison. Voici ce qu'il disait au petit-fils de Louis XV, l'héritier des duchés de Parme et de Plaisance : « La vérité, Monseigneur, n'a qu'un conseil à vous faire entendre : assemblez les états de votre pays, et faites pour les rendre utiles tous les efforts que d'autres princes ont faits pour avilir, dégrader et ruiner ces augustes assemblées. Séparez avec soin la puissance législative et la puissance exécutrice, pour qu'au lieu de se nuire et de se mettre l'une à l'autre des entraves, elles se prêtent un secours mutuel. Si vous voulez être un grand homme, oubliez que vous êtes prince. Aux maximes erronées que la flatterie publie dans les cours, substituez les principes que vous dictera votre raison. Les princes sont les administrateurs et non pas les maîtres des nations. Voilà ce que dit la philosophie. »

« ... Vous ne perdrez rien, Monseigneur, en vous tenant dans les bornes d'un pouvoir limité. Ces princes qui veulent être tout dans leurs États ne deviennent, quoi qu'ils puissent faire, que les instruments du pouvoir de leurs favoris. Les hommages et les respects voleront au-devant de vous, l'amour de vos sujets vous donnera plus d'autorité que vous n'en aurez voulu perdre. Vous affermirez la fortune de vos successeurs. Une grande réputation sera votre récompense. Tous les peuples voisins envieront le bonheur de vos sujets [1]. »

Il est clair qu'en écrivant les phrases que nous venons de citer, Mably avait encore en vue un autre petit-fils de Louis XV, l'héritier d'un trône plus glorieux et d'un pouvoir plus grand que celui d'un duc de Parme. Cette circonstance prête au livre de Mably un intérêt plus considérable et nous oblige à nous arrêter sur la date de sa publication. Le discours sur l'*Etude de l'Histoire* fut écrit pour l'instruction de l'infant Ferdinand, fils de l'infant Philippe, qui fut appelé par le traité d'Aix-la-Chapelle au trône de Parme, — et de Madame Elisabeth, fille aînée de Louis XV. L'infant Ferdinand était né en 1751, et n'avait que quatorze ans à la mort de son père. Il n'est pas facile de préciser l'époque où Mably écrivit son traité, adressé à l'infant. C'était certainement après 1763, car il y fait mention de ses *Entretiens de Phocion ;* mais d'autres indices

<hr>

[1] *De l'Étude de l'Histoire,* p. 316.

plus certains nous font défaut. Nous pensons que le livre fut écrit dans les environs de l'année 1767. Mably y dit en s'adressant à son élève : « Un jour viendra , *et il n'est pas loin*, Monseigneur, qu'abandonné à vous-même, vous ne trouverez autour de vous aucun secours contre les passions. » Ces paroles donnent à penser que le discours a été écrit *après* la mort du père de l'infant, et cependant avant qu'il commençât à régner lui-même. Dans un autre endroit, en parlant de l'Allemagne, Mably remarque, « qu'il y a actuellement un siècle que la Diète présente fut convoquée à Ratisbonne et se tient sans interruption » ; et ce fut en 1667 que la Diète de l'empire d'Allemagne prit la résolution de ne plus se séparer.

Quoi qu'il en soit, le traité de Mably ne fut connu du public que beaucoup plus tard. Il fut imprimé premièrement dans le *Cours d'Études*, que l'abbé de Condillac, le frère de Mably, choisi comme précepteur de l'infant Ferdinand, avait écrit pour son élève. On lit dans la *Correspondance* de Grimm, sous la date du 1er janvier 1774, que Condillac après avoir fini l'éducation du prince de Parme, avait obtenu la permission de rendre publics les différents ouvrages qu'il avait composés pour l'instruction de ce prince. « Il en avait déjà fait imprimer six gros volumes quand tout à coup, sans qu'il ait pu en soupçonner ni la cause ni le motif, son édition a disparu. On ne lui a laissé ni manuscrit ni exemplaires complets, et il n'a jamais su à la réquisition de qui s'est faite cette saisie. » Grimm raconte encore que le hasard a fait tomber entre ses mains trois volumes de cet ouvrage et entre autres le volume contenant le traité de Mably. Une autre édition qu'on entreprit en 1775 à Parme n'eut pas un meilleur sort. La cour d'Espagne s'opposa à la publication, et ce ne fut qu'en 1782 que l'éditeur Bodoni obtint la permission de débiter son édition après y avoir mis plusieurs cartons. Mais les contrefaçons, si répandues à cette époque, se chargèrent de propager l'ouvrage ; on fit aussi, en 1778, une édition séparée du livre de Mably. C'est donc dans les premières années du règne de Louis XVI que se répandit le traité de Mably ; à un moment où l'on ne songeait guère à la convocation des états généraux, il fut donc le premier des publicistes français qui érigea en principe général la nécessité d'assembler les états et qui formula la demande, qui, dix ans plus tard, devint le mot d'ordre de la France entière. Mais Mably ne se bornait pas à insister sur la transformation du pouvoir arbitraire par la convocation des états généraux, il avait un programme tout prêt qui devait leur servir de guide politique.

Nous avons de lui trois ouvrages qui nous permettent d'étudier son projet de constitution, ce sont : le discours sur l'*Étude de l'histoire* dans lequel il faut surtout remarquer l'analyse de la constitution de l'Angleterre et de celle de la Suède ; les *Doutes sur l'ordre naturel et essentiel des sociétés* où Mably attaque le système politique des physiocrates, et enfin son traité sur le *Gouvernement de Pologne*, écrit, d'après Brizard, en 1770 et 1771 et imprimé seulement en 1781. Le côté théorique des vues de Mably sur la constitution ressort

le mieux dans sa polémique contre Mercier de la
Rivière, où il se pose en défenseur du principe de la souveraineté.

La théorie de la séparation des pouvoirs était
devenue le point de départ du parti libéral en France,
depuis que Montesquieu avait emprunté cette théorie à
Locke et l'avait développée dans son *Esprit des lois*. Elle
rencontra, comme on devait s'y attendre d'ailleurs, une
opposition acharnée de la part de tous les adhérents d'un
absolutisme quelconque; elle a été également répudiée
par les admirateurs de la monarchie de droit divin,
comme par les partisans du despotisme *légal*, c'est-à-
dire les physiocrates, et enfin par l'apôtre du despotisme
démocratique, Rousseau, dont on connaît la diatribe
contre « les tours de gobelets des politiques, qui divisent la souveraineté en puissance législative et en puissance exécutive ».

Quelques années avant la publication du *Contrat
social*, le fondateur de l'école des économistes avait
prononcé la même condamnation sur le principe de la
division du pouvoir souverain. Se flattant d'avoir in-
venté un système social, où tous les intérêts particuliers se confondaient dans l'intérêt général, Quesnay
avait besoin avant tout d'un pouvoir suprême et
incontesté pour réaliser son plan. C'est pourquoi il
disait « que l'autorité souveraine soit unique et supérieure à tous les individus de la société et à toutes les
entreprises injustes des intérêts particuliers... Le système
des contreforces dans un gouvernement est une opinion
funeste qui ne laisse apercevoir que la discorde entre

les grands et l'accablement des petits [1]. » Mercier de la
Rivière développa la pensée du maître dans son ouvrage sur l'*Ordre naturel des sociétés*, où il soutenait
que, guidé par l'évidence de la science économique, le
despotisme légal est seul capable de fonder l'ordre
naturel de la société et de garantir son bonheur.

Mably répliqua aussitôt par ses *Doutes proposés aux
philosophes économistes sur l'ordre naturel des sociétés
politiques*, — écrits en forme de lettres adressées à Du-
pont de Nemours. Dans cet ouvrage, où il avait opposé à
l'idéal des économistes son ordre naturel basé sur la
communauté des biens et la suppression des passions,
il se fit en même temps le champion décidé du principe
de la séparation des pouvoirs. Confiant dans l'infaillibilité des principes de sa science et persuadé que nul dés-
pote ne manquerait de les suivre, pour son propre
intérêt, Mercier de la Rivière craignait l'affaiblissement
du pouvoir souverain et se moquait de ce qu'il appelait
le système chimérique des contreforces. Les principes
du gouvernement, disait-il, sont évidents, ou ils ne le
sont pas; « s'ils le sont, toutes les forces et toute l'autorité sont acquises à leur évidence, et, dans ce cas, les
contreforces empêcheront l'autorité d'agir pour le bien
de la société; si, au contraire, ils ne le sont pas, l'établissement des contreforces est une opération impraticable. On craint l'ignorance dans le souverain et, pour
empêcher qu'elle ne l'égare, on lui oppose d'autres

[1] *Maximes générales du gouvernement économique*, publiées
en 1758. Collection des économistes, T. I, p. 81.]

hommes qui ne sont pas en état de se conduire eux-
mêmes; voilà ce qu'on appelle des contreforces. » A
cela Mably répliqua qu'il n'y avait rien d'absurde
dans l'idée de partager de telle sorte la puissance souveraine, que rien ne pût être ordonné sans avoir été
discuté auparavant avec soin. « Pourquoi, dit-il, n'éta-
blirait-on pas dans l'État des puissances rivales qui
ne pourraient agir qu'en se conciliant ? » Cette
méthode lui paraît assez bonne chez un peuple qui
ne serait pas encore parvenu à connaître toutes les
vérités politiques; car elle le forcerait à penser et à
s'instruire. Elle ne serait pas moins avantageuse dans
une nation éclairée pour empêcher qu'elle ne s'en-
gourdît et ne tombât dans l'ignorance. Mably reproche
à l'auteur de l'*Ordre naturel* d'oublier qu'il y dans
le monde des passions qui le gouvernent et qu'elles
sont bien plus à craindre que l'ignorance. Il soutient
que c'est précisément du partage de l'autorité que
résultent les contreforces ou le gouvernement *mixte*
qui ne permet pas aux gouvernants de se livrer à leur
paresse, à leur nonchalance, à leur avarice et à leur
ambition; les contreforces sont nécessaires pour que la
société ne soit pas la victime de l'ignorance et des
passions de ses magistrats. Il s'efforce de démontrer qu'à Rome les contreforces établies contre les
magistrats et le sénat les ont empêchés d'abuser de
leur pouvoir et qu'il fallait la contreforce du sénat et
des consuls pour empêcher que le peuple ne perdît la
république par ses caprices. Il insiste surtout sur
l'effet des contreforces dans le gouvernement d'Angle-

terre. « Elles empêchent qu'un ordre n'acquière une autorité supérieure aux lois et n'écrase les autres ; elles retiennent jusqu'à un certain point lès passions du prince, des grands et des communes, et les effets qui en résultent seraient bien plus avantageux pour la nation, si l'équilibre des pouvoirs était établi sur de plus sages proportions. »

Mercier de la Rivière prétendait que tout système de contreforces ne pouvait être que chimérique « puisqu'il était impossible de s'assurer que chaque force serait demain ce qu'elle paraît être aujourd'hui, vu que l'état de ces forces dépendait de diverses dispositions morales ». Ainsi, selon lui, toute organisation dè contreforces ne pouvait avoir pour fondement au moment de leur institution qu'*un jeu ridicule de l'opinion.* Mably répond qu'on établit les contreforces conformément à l'opinion qui constitue l'esprit national d'un peuple, que les nations ne changent pas brusquement de génie et de mœurs ; qu'après même que leurs lois ont souffert différentes révolutions, on retrouve encore au milieu des ruines de leur premier gouvernement des restes de son premier esprit ; « il est aussi certain, ajoute Mably, que l'esprit national des Anglais sera demain tel qu'il est aujourd'hui, — qu'il est sûr que le soleil se lèvera. »

Mercier de la Rivière faisait déjà au système des contreforces les objections qu'ont fait valoir plus tard quelques critiques de Montesquieu. « Si, disait-il, on pouvait parvenir à instituer deux puissances parfaitement égales, séparément elles seraient toutes deux nulles. » Mably répond qu'on ne demande pas à former deux puissances égales pour les tenir en équilibre, comme deux poids égaux mis dans les deux bassins d'une balance, et les empêcher d'agir ; qu'un pareil équilibre ou une pareille égalité de forces, qui dans le physique suspend toute action, serait certainement impossible dans les choses morales. Mais qu'en politique les contreforces sont établies non pour priver la puissance législative et la puissance exécutrice de l'action qui leur est propre et nécessaire, mais afin que leurs mouvements ne soient ni convulsifs, ni peu médités, ni trop rapides, ni trop prompts.

Il est bizarre, dit-il, de vouloir comparer l'équilibre physique et l'équilibre moral ou de penser que leur effet soit le même. Un corps qui agit sur un autre corps avec une force supérieure rend nulle la résistance du corps qui lui est opposé. S'il en était ainsi dans le moral, les contreforces politiques n'auraient aucune utilité. Dès qu'une puissance aurait commencé à prendre quelque ascendant sur celle qui lui sert de contrepoids, elle la dominerait nécessairement ; mais on voit tous les jours arriver le contraire ; en paraissant accroître ses forces, une puissance politique en communique à sa rivale et c'est souvent quand celle-ci paraît prête à succomber qu'elle se réveille, s'alarme, s'agite et devient à son tour une puissance menaçante ; c'est ainsi que dans plusieurs États l'oppression a produit la liberté.

Pour expliquer sa pensée et prouver sa thèse Mably a recours à la Constitution de l'Angleterre et cette fois il en parle comme d'un modèle politique. « En Angleterre, dit-il, le roi ne peut faire aucune loi sans le Parlement, et le Parlement ne peut faire aucune loi sans le roi ; n'en concluez pas que les Anglais n'aient pas de lois. Le roi, les pairs et les communes sont seulement forcés par cette Constitution de se rapprocher pour qu'un bill ait force de loi ; aucun de ces trois membres du corps législatif ne souffrira d'être sacrifié aux deux autres ; le gouvernement s'affermit, l'habitude lui donne des forces et la nation a des lois impartiales et également favorables à la prérogative royale, à la dignité des pairs et à la liberté du peuple [1]. »

Cette apologie de la Constitution anglaise pourrait faire supposer que Mably en opposant au despotisme légal la *monarchie tempérée* ou le *gouvernement mixte* désirait réellement un système d'équilibre entre le pouvoir royal et le pouvoir des représentants de la nation. Mais nous allons voir que ce n'est pas du tout cet équilibre qu'il cherche, et que son idéal de monarchie constitutionnelle se rapproche beaucoup plus du type républicain que du gouvernement mixte basé sur les contreforces. Ce point capital dans l'histoire des idées politiques du XVIII° siècle mérite d'être mis en lumière. Avant la Révolution il n'existait pas de parti républicain en France ; tous les esprits mécontents du régime existant ne désiraient que la monarchie tempérée ou constitutionnelle, et les admirateurs fervents des Républiques anciennes eux-mêmes ne portaient pas leurs vues au delà et estimaient sincèrement toute autre forme de

[1] *Doutes sur l'Ordre naturel*, etc., p. 231.

gouvernement impraticable en France. Mais si l'on analyse l'idée de cette monarchie constitutionnelle, telle qu'on la concevait en France à cette époque, on voit qu'on se la représentait très souvent sous des formes sensiblement républicaines, ou qu'on l'établissait dans des conditions qui devaient infailliblement la faire dégénérer en république. On trouve le germe de cette tendance vers la république même chez le grand écrivain qui avait le premier fixé l'attention de ses contemporains sur les avantages de la monarchie constitutionnelle, et qui avait établi une théorie de ce système.

Nous n'insisterons pas sur l'idéalisation des anciennes Républiques et une certaine prédilection pour la forme républicaine en général qu'on remarque dans les premiers écrits de Montesquieu, et qui se font sentir même dans l'*Esprit des lois* [1]; mais ce qui est surtout à observer, c'est que même la doctrine constitutionnelle de Montesquieu favorise le développement du républicanisme; cette doctrine est fondée sur la séparation des pouvoirs et sur l'équilibre entre l'élément monarchique et l'élément démocratique; mais en réalité cet équilibre dévie en faveur du dernier. Le germe en apparaît déjà dans les termes de *pouvoir exécutif* et de *pouvoir législatif* par lesquels ils sont désignés. Le terme d'*exécutif* implique l'idée de subordination pure et simple

[1] Ainsi, en considérant les principes des différents gouvernements, Montesquieu attribue, comme on le sait, le principe de l'honneur à la monarchie, tandis qu'il désigne la *vertu* comme le principe de la république, ce qui donne à cette dernière forme politique une grande supériorité morale sur la monarchie.

au pouvoir législatif, ce qui écarte toute idée d'équilibre et d'égalité de forces. La désignation du pouvoir royal par le mot *exécutif* était d'autant plus préjudiciable à l'élément monarchique qu'elle était inexacte, puisque Montesquieu donnait au roi « une part à la législation» par son droit de *veto* et regardait cette faculté, si essentielle à l'équilibre, qu'il disait que, sans ce droit, « la puissance exécutrice serait bientôt dépouillée de ses prérogatives. » Ainsi le pouvoir monarchique était dans le système de Montesquieu quelque chose de plus qu'un simple pouvoir exécutif dont on lui attribuait le nom.

Cette inexactitude a eu de graves conséquences. Jamais peut-être une simple terminologie n'avait eu autant d'influence sur les idées politiques d'une nation. La désignation du pouvoir du monarque par le terme de *pouvoir exécutif* fut bientôt adoptée par ceux-là mêmes qui désiraient la conservation de la monarchie historique et héréditaire, comme on peut facilement s'en convaincre en parcourant les *Cahiers de 1789*. Ainsi on s'habituait en général à n'envisager la puissance royale que comme un pouvoir exécutif et la force de la logique accoutuma bientôt les esprits à se figurer la monarchie dans le système constitutionnel comme un pouvoir tout à fait dépendant du corps qui était censé représenter la volonté générale de la nation.

A l'époque où Montesquieu s'occupait de la théorie constitutionnelle, la liberté politique n'était qu'un rêve pour le continent, et, même en Angleterre, les esprits chagrins et le parti de l'opposition parlementaire crai-

gnaient ou feignaient de craindre le retour du pouvoir
arbitraire. Il était naturel que dans des circonstances
pareilles le premier théoricien du régime parlementaire
fût plus préoccupé de la crainte d'envahissement du
côté de la monarchie contre l'Assemblée des députés
que du côté opposé : cette crainte explique les précautions très minutieuses et excessives que Montesquieu
croit nécessaire de prendre contre le pouvoir exécutif
en faveur du corps législatif, par exemple lorsqu'il
enlève au premier toute initiative dans la législation,
ou lorsqu'il parle de l'organisation de la force armée.

La défiance de Montesquieu envers le pouvoir exécutif se fait surtout sentir là où il s'éloigne le plus de son
modèle, — la Constitution anglaise, — c'est-à-dire dans
la question des ministres. Dans le plan de Montesquieu
les mauvais ministres ou conseillers du roi pouvaient
être recherchés et punis par le corps législatif, et en
même temps la faculté *d'entrer dans le débat des affaires*
leur était déniée. Ainsi les ministres devaient être traités
comme des étrangers par le puissant corps des représentants de la nation ; toute possibilité d'entretenir une
certaine harmonie entre le corps législatif et les ministres au moyen d'explications continuelles et faciles
était anéantie ; au plus léger mécontentement, les
menaces contre les ministres devaient se faire jour
au sein du corps législatif, et comme le roi était
dans le système de Montesquieu moralement solidaire
de ses conseillers, toute animosité déployée contre les
ministres ne pouvait manquer de retomber sur le roi.
L'histoire de l'Assemblée Constituante a montré dès le

commencement le péril d'une telle disposition de choses pour le gouvernement monarchique.

Mais si Montesquieu ne prévoyait pas tout le danger que courait le pouvoir royal et le principe d'équilibre dans son système constitutionnel, il prenait cependant les plus grands soins pour que la monarchie parlementaire ne dégénérât point, selon son expression, « *en république non libre.* » La mesure principale qu'il croyait nécssaire sous ce rapport était comme on le sait, l'organisation d'une Chambre héréditaire qui devait avoir « le droit d'arrêter les entreprises du peuple »; et à laquelle était confiée une part *active* dans la législation, comme aussi le droit de juger certains procès politiques. Une autre mesure importante encore était la disposition qui ôtait au corps législatif le droit de s'assembler et de se proroger lui-même, — « car il pourrait arriver qu'il ne se prorogerait jamais, ce qui serait dangereux dans le cas où il voudrait attenter à la puissance exécutive. » Mentionnons enfin ce principe de Montesquieu que le corps législatif ne doit point avoir le droit de juger la personne et par conséquent *la conduite du roi ;* « sa personne doit être sacrée, parce qu'étant nécessaire à l'État pour que le corps législatif n'y devienne pas tyrannique, dès le moment qu'il serait accusé ou jugé, il n'y aurait plus de liberté. » Malgré toutes ces précautions, les germes du républicanisme que nous venons de constater dans la théorie constitutionnelle de Montesquieu se sont amplement développés après lui. L'histoire des idées politiques dans la seconde moitié du XVIII° siècle nous présente ce fait important,

que toutes les garanties que Montesquieu a cru nécessaire d'établir contre le pouvoir royal, ont été bien
comprises et acceptées sans restriction par l'opinion
publique, tandis que les garanties non moins importantes dans son système contre les usurpations du
corps législatif n'ont pas trouvé un accueil aussi favorable, ou ont été bientôt oubliées. Les écrits de Mably
ont une grande valeur pour l'explication de ce fait ;
nous ne voulons pas dire qu'ils aient été cause de ce
que la théorie constitutionnelle s'est pour ainsi dire
républicanisée si vite, — quoique l'analyse des Cahiers
de 1789 nous fournisse la preuve incontestable de son
influence. Mais l'étude de ses œuvres nous permet
au moins de suivre pas à pas la transformation de
la théorie de Montesquieu sous l'influence de l'esprit
révolutionnaire et la disparition de toutes les garanties
en faveur du pouvoir royal dans le nouveau système
de gouvernement mixte, que nous trouvons exposé par
Mably et plus ou moins réalisé par l'Assemblée Constituante.

Le même ouvrage, dans lequel il s'appuyait sur
l'exemple de l'Angleterre pour prouver aux économistes la possibilité de pondérer les forces politiques
par une sage Constitution, nous montre déjà clairement
que ce n'est pas la Constitution anglaise qu'il prend
pour modèle et qu'il y trouve plus à critiquer qu'à louer.

C'est que Mably comprend tout autrement que Montesquieu ce principe de *la division des pouvoirs* qui leur
est commun. Mably donne à ce principe une autre
signification et un autre but. Montesquieu avait en vue

de garantir par ce principe à chacun des pouvoirs une certaine indépendance nécessaire pour l'équilibre politique ; chez Mably ce principe devient un moyen d'assurer la subordination du pouvoir exécutif au corps législatif ; ce n'est que dans un tel rapport qu'il voit l'équilibre. Il prend le terme de *pouvoir* exécutif à la lettre et il conclut de cette terminologie que ce pouvoir ne peut avoir aucune autre fonction que celle « d'exécuter ce qui lui est prescrit par la loi » qui doit être l'œuvre d'un pouvoir séparé.

C'est justement dans ce sens, formulé par Mably, que l'esprit révolutionnaire apprit à concevoir l'idée de pouvoir exécutif et que beaucoup de Cahiers de 1789 ont employé ce terme. Le pouvoir *exécutif*, comme tel, n'a pas à se mêler de la législation ni par la faculté de *statuer* ni même par la faculté d'*empêcher*. Cette thèse devient le principe fondamental de la doctrine de Mably. Voici comment il la développe dans sa polémique contre Mercier de la Rivière. Comme les partisans du despotisme *légal*, il est d'avis que *la puissance politique doit être une ;* mais, d'après lui, il faut entendre par là « que la puissance législative et la puissance exécutrice doivent être parfaitement d'accord ; sans cet accord, dit-il, l'anarchie régnerait dans la société ». C'est bien aussi la théorie constitutionnelle. Mais qu'entend-il par cet accord ? Il dit simplement que pour être parfaitement d'accord la puissance exécutrice doit observer et faire observer exactement les lois de l'autre. Pour qu'elles agissent de concert, il est indispensable qu'il n'y ait *qu'une* autorité législative dans l'État. Dès que vous en supposerez deux, vous les verrez dégénérer en deux factions ennemies, et les magistrats, toujours rebelle et toujours coupables aux yeux de l'une, ne pourront ni connaître ni remplir leurs devoirs, et paraîtront toujours des tyrans [1]. »

Ceci posé, Mably combat énergiquement l'opinion du physiocrate que la puissance exécutrice, celle qui dispose des forces physiques, doit être aussi puissance législatrice. Mercier de la Rivière faisait valoir « que le droit de dicter des lois ne peut exister sans le pouvoir physique de les faire observer et que par cette raison ce droit ne peut jamais être séparé de l'administration de la force publique » ; et de ce raisonnement il tirait la conclusion que, quel que soit le dépositaire ou l'administrateur de la force publique, le pouvoir législatif devait être son premier attribut. Comme preuve à l'appui de ce principe, l'auteur physiocrate posait cette question : si l'on place dans une main le pouvoir législatif et dans l'autre le dépôt de la force publique, à laquelle des deux faudra-t-il obéir lorsque les lois de la première et les commandements de la seconde seront en contradiction ? — Rien n'est plus caractéristique pour la méthode de Mably que sa réponse à cette question. On y reconnaît clairement cette espèce de logique abstraite et doctrinaire qui ne s'embarrasse nullement des faits politiques. Il tient pour suffisant « qu'il soit réglé que le citoyen doit obéir aux magistrats et que les magistrats obéiront à leur tour à la puissance légis-

----

[1] *Doutes sur l'Ordre naturel*, p. 188.

lative sous peine d'être punis s'ils violent cette loi et de réparer le mal qu'ils ont fait. » Cela me paraît, dit-il, clair comme le jour. La puissance exécutrice sera l'organe et le ministre de la puissance législative : voilà leurs fonctions bien distinctement désignées, distinguées et séparées.

Ainsi le système des contreforces ou l'équilibre entre les pouvoirs politiques, dont Mably prend la défense contre les physiocrates, se transforme chez lui en une simple subordination du pouvoir exécutif au pouvoir législatif. Mais il va encore plus loin dans cette tendance qui sous le drapeau de la théorie constitutionnelle aboutissait à la dictature du corps législatif. Cherchant à prouver l'impossibilité de la séparation des pouvoirs, Mercier de la Rivière disait que, « quelques tournures, quelques modifications qu'on veuille donner à un tel système de séparation des pouvoirs, il arrivera nécessairement que les deux autorités se réuniront et se confondront dans une seule ; que la puissance législatrice deviendra puissance exécutrice ou que cette dernière deviendra puissance législative. » Dans sa réfutation Mably ne voit qu'un seul côté de la question, les empiétements du pouvoir exécutif. — Il avoue que l'histoire prouve « que la puissance exécutrice fait des efforts constants et continuels pour secouer le joug de la puissance législative et pour s'emparer de ses droits[1] ». Mais il ne désespère pas qu'on puisse trouver des combinaisons capables de garantir le triomphe du système.

1 *Doutes sur l'Ordre naturel*, p. 136 à 138.

Son grand moyen consiste dans l'*affaiblissement* du pouvoir exécutif par la division en différents départements. Il faut, dit-il, partager ce pouvoir en autant de branches différentes que la société a de besoins différents ; il faut que toutes aient les forces nécessaires pour s'acquiter de leurs fonctions et qu'aucune cependant ne soit assez forte pour concevoir l'espérance d'abaisser la puissance législative. Cette division et cet affaiblissement du pouvoir exécutif sont, aux yeux de Mably, une condition nécessaire pour assurer la *responsabilité* de ce pouvoir devant la nation, c'est-à-dire le corps législatif qui la représente. C'est pour lui un point essentiel qu'il soutient dans une polémique très vive contre son adversaire, Mercier de la Rivière, qui s'efforçait de démontrer qu'une pareille combinaison tendrait à anéantir la magistrature et la puissance exécutrice, qu'elle ferait du corps législatif une puissance absolument indépendante des lois déjà faites, et qu'au fond le parti qui aurait pour lui dans ce corps le plus grand nombre des opinions ne reconnaîtrait aucune autorité supérieure à la sienne.

A ces objections Mably s'emporte jusqu'à avouer « qu'il a besoin d'une sorte de modération pour entendre de sang-froid un pareil raisonnement ». Il n'admet pas que l'on conteste que la majorité des représentants soit véritablement la nation assemblée, et il en conclut: « Si l'on ne veut pas que les magistrats jouissent d'un pouvoir arbitraire et enlèvent à la nation le droit d'obéir aux seules lois qu'elle aura faites, il faut bien que la puissance législative, qui a créé et délégué les magistrats puisse leur demander raison de leurs opérations. Cela est simple comme il est simple que votre homme d'affaires doit vous rendre compte de la recette et de la dépense qu'il a faites pour vous, si vous ne voulez pas qu'il vous dépouille de votre fortune. Je conviens qu'il n'y aurait d'autorité souveraine que dans l'assemblée de la nation; mais au lieu d'un mal c'est un bien, car comment voudriez-vous établir l'ordre dans un État, s'il y avait une autre puissance souveraine que la puissance législative? » C'est ainsi que Mably développait, en 1768, sous les yeux de Louis XV, dans sa polémique avec les partisans du despotisme *légal*, la doctrine de 1789. Mais si l'on veut connaître plus en détail sa théorie constitutionnelle il faut la demander à son *Traité in usum Delphini* et à sa *Critique du gouvernement d'Angleterre*. La critique de la Constitution anglaise est la pierre de touche pour les théoriciens politiques du XVIIIe siècle et mérite pour cette raison une attention particulière. Dans le jugement plus ou moins favorable sur le système politique de l'Angleterre se dessinent clairement dans la France de l'ancien régime les deux tendances vers la monarchie constitutionnelle et vers la république, qui se manifestèrent en 1789, l'une représentée par les écrits de Montesquieu, de De Lolme, de Mallet du Pan [1] et de Meunier [2], l'autre par Rousseau, Mably et Sieyès [3].

[1] Dans un article sur De Lolme dans le *Mercure de France* (1789, T. 1, v. p. 108 à 128).

[2] Dans les *Nouvelles Observations sur les états généraux*.

[3] Dans la brochure *Qu'est-ce que le tiers état*.

L'antagonisme de ces deux tendances se fait visiblement sentir chez Mably. Ayant expliqué à son élève, le futur duc de Parme, ce que l'Angleterre appelle sa loi fondamentale, il fait cette remarque : « Plusieurs écrivains et l'auteur de l'*Esprit des lois*, dont l'autorité est si grande, ont prodigué les éloges à cette constitution ; mais peut-on l'examiner attentivement et ne pas voir que l'ouvrage de la liberté n'y est qu'ébauché. »

Quel est donc le perfectionnement que le théoricien français veut appliquer à la Constitution anglaise ? On croirait déjà entendre un orateur de l'extrême gauche de l'Assemblée Constituante ou du Club des Jacobins : « Trois puissances, dit-on, le roi, la chambre haute et les Communes se tiennent en équilibre, se tempèrent mutuellement, et aucune ne peut abuser de ses forces. Mais je le nie ; et quelles mesures efficaces les Anglais, en effet, ont-ils prises pour mettre le gouvernement à l'abri de toute atteinte de la part du roi ? Si l'équilibre des différents pouvoirs est établi sur de justes proportions, pourquoi ces alarmes toujours renaissantes de la nation ? Pourquoi ces plaintes continuelles contre le ministère qu'on accuse toujours de trahir son devoir ? »

«... C'est un principe en Angleterre que le roi est toujours innocent, qu'on ne peut le citer devant aucun tribunal, et que la loi n'a point de jugement à prononcer contre lui : il fallait donc le mettre dans l'heureuse impuissance d'être coupable. Mais, me dira-t-on, les ministres répondent de sa conduite sur leur tête ; ils le contiendront dans le devoir. Quelle misérable ressource !

et peut-on y compter ? Quand le prince ne connaît point de juge, combien ne lui reste-t-il pas de moyens pour sauver ses complices et les instruments de son ambition[1] ! » Le vice radical de la Constitution britannique est donc, selon Mably, l'inviolabilité constitutionnelle du roi, le même principe que Montesquieu déclarait justement nécessaire pour que la monarchie libérale ne dégénérât pas, comme il s'exprimait, en république non libre. Un second vice, dont se plaint Mably, est la dépendance que l'Assemblée nationale de 1789 commença à détruire par ses premiers actes.

« Quand l'Angleterre n'aurait aucun de ces vices qui ramènent la principale autorité dans les mains du roi, ne suffit-il pas qu'il convoque, ajourne, sépare et casse à son gré le Parlement, pour qu'il n'y ait aucun équilibre réel entre lui, la Chambre haute et les Communes ? Le roi peut beaucoup de choses sans le Parlement; le Parlement, au contraire, ne peut rien sans le roi : où donc est cette balance à laquelle on attribue des effets si salutaires ? Le roi peut suspendre l'action du Parlement, et le Parlement ne peut contraindre le roi à donner son consentement aux bills qu'on lui propose : quelle est donc leur égalité ? Et dès que ces puissances sont inégales, la plus considérable ne doit-elle pas tous les jours augmenter ses droits ? Je voudrais que les personnes qui donnent de si grands éloges à la Constitution anglaise m'expliquassent comment il peut n'être pas pernicieux à un État que la puissance légis-

---

[1] *De l'Étude de l'Histoire*, p. 201 et 202.

lative qui en doit être l'âme soit subordonnée à la puissance exécutrice ? »

On pourrait être tenté d'expliquer ce pessimisme de Mably ; ses craintes que la liberté britannique ne tournât en despotisme, par le fait même des défauts bien connus de la Constitution anglaise au temps de Walpole, de Newcastle et de Bute, — le système de corruption des membres du Parlement, l'influence des coteries aristocratiques sur les élections, le rôle des favoris ou des *amis* du roi ; — on pourrait croire que Mably avait accepté de confiance le mouvement si violent et si peu modéré déchaîné contre le gouvernement par l'opposition parlementaire et les manœuvres politiques de la presse dans un pays libre. Mais tout cela n'a pas empêché le républicain De Lolme, réfugié en Angleterre pendant l'orage qu'avaient soulevé l'affaire de Wilkes et les lettres de Junius, — de bien saisir l'esprit du régime constitutionnel et de faire l'éloge de la prérogative royale et de l'*unité* du pouvoir exécutif en Angleterre comme le fondement de sa liberté. Du reste, Mably, dans ses *Traités sur la politique*, ne suivait pas la méthode inductive, et il faut chercher la cause de ses prophéties sinistres sur le sort de l'Angleterre dans cette défiance contre le pouvoir exécutif, qui est devenue après lui le trait principal de l'esprit révolutionnaire en France.

Lorsque Mably, s'éloignant de Montesquieu, avait accepté pour son principe politique la subordination du pouvoir exécutif au lieu de l'équilibre des pouvoirs, l'Angleterre cessa de lui servir d'idéal politique, et il la remplaça par la Suède. Ce pays avait plusieurs fois

subi des transitions très brusques dans sa Constitution :
mais jamais la réaction contre le pouvoir royal n'y a
été si forte qu'après le règne de l'opiniâtre et malheureux Charles XII. L'aristocratie se servit du mécontent-
tement général contre ce souverain, dont la politique
téméraire avait causé la ruine du pays, et de l'absence
d'héritiers mâles, pour instituer un régime oligar-
chique faiblement masqué par l'ancienne Constitution
de la Diète nationale. Les cinquante années qui s'écou-
lèrent entre la mort de Charles XII et le coup d'État de
Gustave III forment la période la plus triste de l'histoire de la Suède. Le nouveau régime n'assurait au
pays ni le repos intérieur ni la dignité dans les relations
extérieures. Tous les intérêts de la nation étaient sacrifiés
dans la lutte des *Chapeaux* et des *Bonnets* soudoyés
par 'a rivalité des grandes puissances européennes.
Mais en dépit de ses défauts bien visibles, la Constitution suédoise inspirait à Mably une admiration si
aveugle, qu'elle prêtait déjà à la raillerie de ses contemporains. On racontait que lorsque Jennings, qu'on
appelait le Pitt de la Suède, passa par Paris et que
Mably lui manifesta son admiration pour le gouvernement de son pays, qu'il regardait comme le modèle
le plus parfait d'un bon gouvernement, le Pitt suédois
lui conseilla de se garder de propager cette idée qui ne
pourrait que lui faire tort dans l'esprit public [1]. En 1772,
le coup d'État de Gustave III vint démentir la pro-
phétie malencontreuse de Mably qui affirmait que le

---

[1] GRIMM, *Correspondance*, II., S. I., p. 302.

système anglais ne durerait pas dix ans et que le Sénat de la Suède serait à jamais durable. Mably, il est vrai, ne se laissa pas déconcerter par cet événement et il répondit aux *rieurs : Le roi de Suède pouvait bien changer son pays, mais non pas mon livre* [1]. Nous rapportons *cette anecdote connue non seulement comme une curiosité littéraire* qui peint le doctrinaire politique, mais comme peinture de la raideur et de l'aveuglement de la doctrine.

Ce que Mably admirait dans la Constitution de la Suède, c'est, — outre quelques lois dirigées contre le luxe, — l'abaissement extrême du pouvoir monarchique et de la dignité royale. Et ce n'est pas en républicain que Mably fait l'éloge d'un pareil système; il tient à la monarchie parce qu'elle lui paraît nécessaire dans tout État éloigné de l'égalité parfaite : mais il ne peut pas se figurer une monarchie constitutionnelle sans que le pouvoir royal y soit abaissé et méprisé. Telles sont les raisons qui font que « la Constitution de la Suède est pour lui le chef-d'œuvre de la législation moderne que les législateurs les plus célèbres de l'antiquité ne désavoueraient pas. » La Diète suédoise, dit-il, plus sage que le Parlement d'Angleterre, s'est attribué toute la puissance législative.

Ce n'est point le consentement du prince qu'elle demande : toutes ses résolutions sont des ordres pour lui. Dans la crainte de voir l'autorité échapper de leurs mains, les Suédois se sont bien gardés de confier au

[1] CÉRUTTI : *Mémoire pour le peuple français,* 1788.

roi seul la puissance exécutrice. Il doit faire observer
les lois, mais en consultant les sénateurs, et en se con-
formant à leur avis. D'après l'ordonnance de 1723, le
roi maintient et fait exécuter tout ce que les États ont
résolu et ordonné, et c'est au Sénat à aider et à avertir
le roi à cet égard. « Si le roi n'est pas présent, — ou s'il
fait attendre sa signature plus longtemps que la nature
des affaires dont il s'agit ne le comporte, — tout ce qui
doit être expédié au nom du roi s'expédie *avec le seing
du Sénat.* »

« Vous voyez, Monseigneur, s'écrie à ce propos Mably,
que si la Diète n'avait pas pris une sage précaution pour
se passer de la signature du roi, il aurait eu, avec un
peu d'opiniâtreté, la même prérogative que le roi d'Angleterre, de rendre inutile l'action de la puissance législative, *d'éluder la force des lois qui ne lui seraient pas*
favorables, de les faire tomber dans l'oubli ou dans le
mépris et de se rendre ainsi de jour en jour plus puis-
sant. La Diète ne s'en est pas tenue là pour s'assurer de
la fidélité de son premier magistrat. Elle lui apprend
qu'il a un juge et qu'il ne peut violer ses assurances
sans être soumis à la rigueur des lois [1]. » — « Nous décla-
rons par ces présentes, dit la Diète, que celui qui, par des
pratiques secrètes ou à force ouverte, cherchera à se
revêtir du pouvoir arbitraire, doit être exclu du trône
et regardé comme un ennemi du royaume. »

Mais l'aristocratie suédoise alla plus loin encore et,
après l'élection au trône du roi Adolphe-Frédéric, elle

[1] De l'Étude de l'Histoire, p. 214 sq.

résolut d'amoindrir la part du monarque même dans le pouvoir exécutif. Ce roi avait repoussé, dans quelques occasions, les décrets administratifs du Sénat sous prétexte que sa conscience ne lui permettait pas de signer un décret qui lui paraissait injuste ou dangereux. C'est alors que les États de 1755 décidèrent « que la conscience éclairée d'un roi de Suède lui ordonnait de signer ce qui avait été arrêté dans le Sénat à la pluralité des suffrages, parce qu'il doit gouverner par l'avis du Sénat ; que la signature n'est point une marque d'approbation ; et que si sa conscience servait de règle à la loi, le despotisme serait établi. Cependant, par condescendance pour la délicatesse timorée du roi, il fut ordonné qu'en cas de refus de sa part, on suppléerait à sa signature par une *estampille* qui l'imiterait.

Mably approuve cet arrangement, et il cite avec une grande satisfaction le texte de plusieurs lois suédoises, qui présentent par leur tour républicain une anomalie bizarre dans le code d'une monarchie : « La pompe et la représentation ordonnées à l'occasion de certaines solennités, plus pour la dignité du royaume que pour la personne qui représente, plus par rapport aux étrangers que pour les sujets, ont été jusqu'ici un abus introduit par l'orgueil et la politique afin d'inspirer plus de respect et de crainte, d'abord pour la personne du roi, ensuite pour ses volontés. Par ce moyen les sujets ont contracté un génie servile, et se sont accoutumés au joug. »

Mably est en outre d'avis que la Constitution suédoise a laissé au souverain une part encore trop grande d'influence. Il n'aurait pas fallu, dit-il, par exemple, accorder au roi la prérogative de créer à son gré des comtes et des barons et de distribuer les ordres de chevalerie sans consulter la Diète ou le Sénat, et il ajoute que ce n'est point dans l'esprit d'une république.

Il semble après cette critique qu'il serait plus simple de conseiller aux Suédois d'introduire chez eux le gouvernement républicain. Mais, comme nous l'avons dit, Mably est partisan de la monarchie ; il ne veut pas qu'on croie « que la royauté soit une pièce tout à fait hors d'œuvre dans le gouvernement de la Suède [1] » ; il affirme que la royauté héréditaire est même un avantage pour la nation ; car elle contribue à conserver l'égalité entre les familles nobles et les tient dans la subordination. Il conclut en déclarant que la royauté en Suède est elle-même un obstacle à la tyrannie, principe de la ruine de la plupart des républiques.

Mably était d'accord avec les Constitutionnels de l'école de Montesquieu que la royauté pouvait servir d'obstacle à la tyrannie d'une classe ou d'un parti et de garantie de vitalité pour la nation, mais sa doctrine constitutionnelle présente cette particularité, que les conditions qui y étaient faites au pouvoir royal lui ôtaient toute influence salutaire et rendaient sa durée impossible.

Que Mably crût sincèrement la royauté nécessaire dans le système constitutionnel et dans une société divisée en différentes classes, nous en trouvons la

____
[1] *De l'Étude de l'Histoire*, p. 232-235.

preuve dans son livre sur le *Gouvernement de la Pologne*.

Cet ouvrage fut écrit par Mably en 1770-1771, après un voyage en Pologne et devait servir de programme aux confédérés de Bar qui désiraient, par une réforme politique, restaurer la puissance de la Pologne. Le projet de Mably n'eut pas de suite, mais il n'en conserve pas moins un certain intérêt pour l'histoire, parce que, si ses idées ne reçurent aucune application dans ce pays, il est curieux d'en poursuivre le rapport avec les tendances qui prédominèrent dans la reconstitution de la France en 1789. Et c'est seulement à ce point de vue que nous jetterons un coup d'œil sur les lois projetées pour ce pays. Il était clair pour tout observateur de l'état de la Pologne que la principale cause de son affaissement politique et de l'anarchie qui y régnait était la faiblesse du pouvoir royal. Ce fait n'avait pas échappé à Mably, et il disait en s'adressant aux Polonais : « Pour abaisser le roi, vous élevâtes ses ministres. Vous n'aviez qu'un homme qui voulût vous gouverner arbitrairement, et bientôt vous en eûtes plusieurs qui s'enrichirent des dépouilles de la couronne. » Aussi demande-t-il comme première réforme l'hérédité au trône au lieu de la monarchie élective. « Dans la situation actuelle des choses, dit-il [1] , j'ose avancer que bien loin de ne conférer la royauté ou votre première magistrature que pour quelques années, il importe au contraire à la Pologne de rendre la couronne héréditaire. » Il sait que cette proposition

---

[1] *Du Gouvernement de la Pologne,* p. 49.

paraîtra *révoltante* aux partisans de la liberté en Pologne, et en les suppliant de s'élever au-dessus de leurs préjugés il s'efforce de leur démontrer l'utilité de cette réforme. Il va même plus loin, et il demande que la nouvelle Constitution déclare de la manière la plus formelle et la plus solennelle que la personne du roi soit inviolable et sacrée. Ainsi donc Mably avait changé d'opinion sur cette inviolabilité du souverain qu'il signalait comme un grave défaut dans la Constitution anglaise. Du moins il tâche de persuader les Polonais que, sans cette inviolabilité du roi, ils ne pourront compter sur les réformes projetées.

« S'il est permis, dit-il, de demander compte au roi de sa conduite, de la juger et de la punir, n'est-il pas certain que vous conserverez dans votre nouveau gouvernement la plupart des vices de l'ancien ? » Mais l'hérédité et l'inviolabilité sont les deux seules choses que Mably consent à accorder à la royauté en Pologne pour la mettre en état de résister aux monarchies qui l'entourent. La véritable cause de ses malheurs réside à ses yeux dans la fausse distribution des pouvoirs dans la Constitution, et dans le défaut de séparation complète du pouvoir législatif et de la puissance exécutrice. C'est sur ces deux points qu'il concentre toute son attention en discutant principalement ce qu'il appelle le problème le plus difficile pour le législateur, c'est-à-dire « la mesure des droits et du pouvoir que la puissance législative doit confier aux magistrats ». Pour résoudre ce problème il part d'une maxime qui exprime d'une façon admirable la tendance sous l'influence de

laquelle a été écrite la première Constitution française :
« Tout législateur, dit-il, doit partir de ce principe, que
la puissance exécutrice a été, est et sera éternelle-
ment l'ennemie de la puissance législative. » Pour
introduire ce principe en Pologne, Mably demande que
le roi et le Sénat n'aient aucune participation à la
législation et que cette dernière soit exclusivement
confiée à la Diète nationale, c'est-à-dire aux représentants de cette noblesse nombreuse, remuante et ignorante qui était la plaie de l'ancienne Pologne. Mably
donne quelques règlements pour régulariser le fonc-
tionnement de la Diète et pour borner l'influence néfaste
du *liberum veto;* questions qui présentent un intérêt trop
local pour nous y arrêter. Le pouvoir exécutif doit appartenir, dans le plan de Mably, au roi et au Sénat ; mais
l'auteur est plus préoccupé de restreindre le rôle de la
nouvelle monarchie héréditaire que d'en tirer parti.
Ainsi les revenus accordés au roi doivent être très
médiocres. « Que les confédérés, dit-il [1], se gardent
de faire la faute des Anglais qui ont mis entre les
mains du prince des richesses capables de les corrompre. » Une loi expresse doit défendre à la Diète
de jamais acquitter les dettes du roi. Une autre
faute des Anglais que les Polonais doivent éviter, c'est
d'abandonner à leur roi l'administration des finances
pour ne pas tenter sa cupidité et celle de ses ministres
et en faire des intendants infidèles. Mais que servirait
de ne donner à un roi héréditaire qu'un revenu médiocre,

[1] *Du Gouvernement de la Pologne,* p. 60.

si on lui laissait la prérogative de disposer à son gré
des grâces, des faveurs et des récompenses de la république ? Mably exige donc que les Polonais n'imitent
pas les Anglais, « qui se plaignent continuellement des
entreprises de la cour et de la corruption du Parlement,
et qui aiment mieux être dans des alarmes continuelles
que de convenir des vices de leur gouvernement. »
Ainsi, dignités ecclésiastiques, civiles et militaires, tout
doit être conféré, si l'on veut, au nom du prince, mais
donné véritablement par la Diète et le Sénat. D'après
Mably, il serait même à propos [1] que le roi ne prît le
commandement de l'armée que quand la Diète ou le
Sénat l'en chargeraient, et, dans ce cas, il faudrait lui
donner un général qui commanderait sous ses ordres,
ou le faire accompagner par deux membres du conseil
de guerre et du conseil des affaires étrangères qui rendraient compte à leurs collègues des opérations militaires et politiques. En un mot, l'idéal que Mably propose
aux Polonais, c'est un roi borné à représenter la
majesté de l'État, recevant des hommages respectueux
et n'ayant qu'une ombre d'autorité.

Le véritable pouvoir exécutif est confié au Sénat, dont
l'organisation, dans le projet de Mably, est assez com-
pliquée, parce qu'il ne voulait pas trop brusquer les privilèges des sénateurs ; aussi n'entrerons-nous point dans
les détails. Cette organisation consistait dans la concen-
tration du pouvoir exécutif entre les mains de quatre
comités composés chacun de six sénateurs choisis par

____
[1] *Du Gouvernement de la Pologne*, p. 255.

la Diète pour quatre ans. Ce qui attire notre attention, ce sont les principes qui règlent, dans le plan de Mably, les rapports entre le corps des députés et le Sénat ou proprement dit le ministère. La séparation complète des pouvoirs, tel est son grand principe, aussi ses sénateurs ou ministres « ne doivent avoir aucune part à la puissance législative, ni être membres du Corps législatif ».

« Vous sentez, dit Mably, que s'il leur était permis de se confondre dans la Diète avec les députés, l'expérience qu'ils doivent avoir dans les affaires et l'autorité dont ils doivent rester revêtus les rendraient aisément les maîtres de la pluralité des suffrages : ainsi vous n'auriez bientôt que des lois favorables à l'ambition du Sénat et contraires à la liberté de la nation. » De l'autre côté il ne faudrait en aucune façon souffrir que les députés entrassent, comme cela se fait en Angleterre, dans les conseils des ministres en qualité de conseillers [1]. Il serait très dangereux, dit-il, que des personnes qui ont part à la puissance législative eussent encore une influence principale dans les opérations de la puissance exécutrice. Ce serait confondre deux autorités qu'il importe de tenir séparées. Tantôt le Sénat se servirait des députés attachés au ministère pour dicter ou gêner les opérations de la Diète ; tantôt les députés voudraient dominer impérieusement dans les délibérations du Sénat (c'est-à-dire du ministère), parce qu'ils se sentiraient appuyés de toutes les forces et de tout le crédit de leur ordre.

[1] *Du Gouvernement de la Pologne,* p. 99 sq.

Le second principe, c'est que le pouvoir exécutif doit être entièrement dans la dépendance du Corps législatif. Pour obtenir ce but le corps des députés doit nommer lui-même les ministres qu'il charge de l'exécution des lois et doit conserver le droit de leur faire rendre compte de leur conduite et de les juger.

« Vous voyez, dit Mably, combien les Anglais se trouvent mal de ne pas choisir eux-mêmes les conseillers et les ministres du prince. S'il est faible ou peu éclairé, il ne sera entouré, malgré ses bonnes intentions, que par des intrigants qui le tromperont. S'il a des lumières, on le gouvernera par ses passions sans qu'il s'en aperçoive. S'il est dur, ambitieux et injuste, il n'aura dans son conseil que des complices de son injustice et de son ambition. C'est ainsi qu'avec les apparences d'un peuple libre, les Anglais commencent à être les esclaves de la cour, qui peut-être enfin ne se donnera plus la peine d'acheter les suffrages du Parlement. » Ce jugement sur l'Angleterre pourrait sembler une boutade paradoxale, si ce n'était pas une méprise, qui a sa cause dans l'opinion généralement admise au XVIIIe siècle en dehors de l'Angleterre sur la Constitution de ce pays. On considérait les ministres anglais comme les conseillers du roi, arbitrairement choisis par lui et dépendants de son bon plaisir, et l'on oubliait qu'ils étaient plutôt les chefs du parti prédominant dans la Chambre des Communes et pour ainsi dire imposés indirectement au roi. Cette erreur s'explique par la transformation profonde, mais peu sensible à l'extérieur, qui s'était produite dans la Constitution anglaise après la révolution de 1688. Il y eut un temps où l'Angleterre elle-même penchait vers cette séparation bien prononcée des pouvoirs, dont Mably se fait le champion. C'était au xviiᵉ siècle pendant la lutte entre la royauté et le Parlement. Le Parlement d'alors préférait être un corps indépendant du gouvernement avec le privilège de le critiquer et de lui faire opposition. Le roi, de son côté était décidé à soutenir son autorité personnelle et préférait des conseillers indépendants du Parlement. Ce n'est qu'après la révolution, principalement sous le règne de Guillaume III, qu'on rencontre les premières ébauches du gouvernement parlementaire qui fut entièrement garanti par l'avènement au trône de la dynastie étrangère de Hanovre. Mais les Anglais se contentèrent de la nouvelle pratique et pensèrent si peu à l'ériger en théorie que le célèbre Blackstone suivait encore, en 1765, dans son *Traité du droit public anglais* ce qu'avait enseigné Montesquieu sur la séparation des pouvoirs dans la Constitution anglaise.

Au lieu de modifier sa théorie d'après la pratique constitutionnelle de son temps, ce grand écrivain avait formulé avec une conséquence extrême le principe de la séparation des pouvoirs, en excluant les ministres des débats parlementaires. Depuis l'*Esprit des Lois* la séparation des pouvoirs était devenue le point principal dans la théorie constitutionnelle et l'on commençait à reprocher aux Anglais d'avoir méconnu ce principe et compromis leur liberté. Aussi les auteurs de la Constitution des Etats-Unis crurent-ils dépasser leur modèle en s'éloignant sous ce rapport du type anglais et en

séparant entièrement les deux pouvoirs. L'exemple de
l'Amérique fortifia encore davantage la tendance vers
le principe de séparation et, au commencement de la
Révolution française, elle était devenue tellement prédo-
minante que même le groupe peu nombreux des partisans
du système anglais se l'était approprié. L'Assemblée
Constituante sanctionna ce principe en acceptant le
seizième paragraphe de la *Déclaration des droits* qui
disait : « Toute société dans laquelle la séparation des
pouvoirs n'est pas déterminée n'a point de Constitution. »
On sait combien ce principe contribua à enlever au
gouvernement de Louis XVI toute influence sur les déci-
sions de l'Assemblée Nationale et à affaiblir ainsi ce
pouvoir exécutif qui, par sa ruine, devait aussi anéantir
la Constitution de 1791 si laborieusement élaborée.

Cette défiance générale contre le pouvoir exécutif
qui est un trait si caractéristique du mouvement des
esprits en France vers la fin du xviiie siècle, a été le
résultat principal des fautes de la monarchie arbitraire,
à laquelle on attribuait en outre tous les abus de
l'ancien régime, qu'elle était impuissante à écarter. Il
est très intéressant de suivre dans la littérature politique du temps le développement graduel de cet esprit
de défiance et de dédain pour la monarchie ; et les
ouvrages de Mably en fournissent un curieux exemple
Il avoue lui-même qu'il y eut un temps où il goûtait
beaucoup les idées politiques de l'abbé de Saint-Pierre,
qui espérait que la France pourrait obtenir par l'autorité royale toutes les réformes qui lui étaient si nécessaires. « Qu'il serait heureux, se disait Mably, après

avoir lu les *Annales politiques* de l'abbé, que ces admirables spéculations fussent réduites en pratique ! » — Mais depuis qu'il avait abandonné ces idées, Mably s'étonnait qu'un si bon citoyen, orné de tant d'esprit et si rempli d'amour pour la vérité, qui avait passé quatre-vingts ans dans le commerce des philosophes et des gens du monde sous un gouvernement dont il avait vu mille fois les abus les plus extraordinaires, n'eût imaginé que des réformes contraires à la liberté et favorables au despotisme.

Mably reproche à l'abbé de Saint-Pierre, que lorsqu'il croit remarquer quelque part un abus, il ne manque jamais de vouloir l'écraser sous le poids de l'autorité royale ; que son imagination lui fournit trop aisément un ministre honnête homme, toujours disposé au bien et qui le fera sans difficulté ; qu'il met toujours le roi à la place de la loi tandis que dans un plan raisonnable de réforme tout doit tendre à soumettre le roi à la loi : « Nos maux, répond de son côté l'abbé de Mably, ne viennent pas de l'indocilité des sujets, mais de l'abus que le gouvernement fait de leur obéissance [1]. »

Ces dernières paroles expriment d'une façon énergique la grande transformation qui se produisait dans la société française vers le milieu du xviiie siècle, quand l'esprit monarchique de l'ancienne France commença à faire place à l'esprit révolutionnaire. Le besoin de réformes et de progrès social, qui était le grand soutien de la monarchie depuis le temps de la féodalité,

[1] *Droits et devoirs du citoyen*, p. 376.

se tourna enfin contre cette même monarchie, quand
celle-ci se montra impuissante à réaliser les réformes
désirées. Mais ce ne sont pas seulement les erreurs et
l'impuissance de la monarchie du XVIIIe siècle, dominée
par les .abus de l'ancien régime, qui nourrissaient
l'esprit révolutionnaire ; celui-ci s'appuyait encore sur
une étrange théorie morale, que répandaient les écrits du
temps et qui attribuait aux gouvernants tous les vices
possibles, ne voyant que des vertus chez les *citoyens*,
théorie que Mably contribua beaucoup à propager.
D'après lui, l'histoire montre clairement que toujours
les magistrats ont abusé de leur pouvoir : « Oubliant
leurs devoirs, ils trompaient le peuple ou abusaient de
sa confiance pour proposer des lois et pour introduire
des usages dont le but était d'asservir les. citoyens à
leur volonté. » A ses yeux, dominés par les passions,
les magistrats sont toujours prêts à violer les lois, et le
but d'une saine politique doit être de les contraindre
par tous les moyens à les exécuter fidèlement. Mais
Mably ne manifeste en général aucune crainte que ces
mêmes passions puissent jamais se faire jour chez les
citoyens qui composent le Corps législatif ; il suffirait,
à son avis, de leur interdire de se mêler du pouvoir exécutif pour les soustraire à la domination des passions
et des vices.

Cette supériorité morale des *législateurs* sur les magistrats, dont il est si persuadé, lui fait rechercher les
moyens de renfermer le pouvoir exécutif dans de justes
limites et de le mettre à la disposition du Corps législatif.
Cependant on trouve chez lui encore un autre motif qui

pousse sa politique dans cette direction, — c'est la passion de l'*égalité*.

Nous avons déjà parlé de la foi doctrinaire de Mably dans l'égalité absolue entre les hommes, et nous avons vû comment il faisait de ce principe le point de départ de toutes les vertus morales et sociales; mais c'est ici le lieu de mentionner l'influence que sa doctrine égalitaire avait sur sa théorie de gouvernement constitutionnel. Mably, comme nous avons dit, n'excluait point la monarchie, — en sa qualité de pouvoir exécutif, — de ses projets constitutionnels, mais, en même temps, il croyait nécessaire de fonder la société sur le principe de l'égalité absolue. Un parti nombreux parmi les électeurs et les députés de 1789 suivait de même ces deux tendances incompatibles, et c'est sous son influence que fut élaborée la Constitution de 1791 qui, sans vouloir détruire la monarchie, lui faisait une position intenable.

Dans son *Traité de la Législation*, Mably soutient que l'état politique des sociétés, où il y a des gouvernants et des gouvernés, n'est pas une négation de l'égalité absolue qui, dit-il, existait dans l'état de nature. Pour cela, il insiste sur la distinction entre l'indépendance et l'égalité qui « sont toutes deux des dons de la nature, mais différents et faits pour une fin différente. » Pour former des sociétés, dit Mably, il a été utile aux hommes de renoncer à l'indépendance; mais il n'en était pas de même de l'égalité; comme celle-ci « est la source des plus grands biens, qu'on ne peut la perdre sans s'exposer aux plus grands maux », il en conclut

« qu'il nous était donc utile de n'y pas renoncer. »
Mais est-ce que la subordination nécessaire dans la
société n'implique pas une certaine inégalité ? — Est-ce
que les magistrats ne sont pas au-dessus de nous ? —
« Non, répond Mably [1], à moins que je n'aie été assez
insensé pour me donner un maître, ou que je n'aie
accordé à ce magistrat le droit de m'opprimer en lui
abandonnant un trop grand pouvoir, ou des prérogatives qui séparent ses intérêts des miens. Mais si, consultant les règles les plus simples du sens commun, ces
magistrats que j'ai placés dans leur tribunal n'occupent
qu'une place que je puis occuper à mon tour ; s'ils sont
obligés d'obéir aux lois comme moi, si je puis les punir
pour les avoir violées, s'ils ne sont que chargés de la
procuration de leurs concitoyens et de la mienne pour
maintenir l'ordre, et n'ont qu'une autorité empruntée
et passagère, — pourquoi le respect que je dois à de
pareils magistrats m'avilirait-il au lieu de m'honorer ? »

Ce passage exprime d'une manière exacte un sentiment de jalousie profonde envers tous les représentants
du pouvoir et de l'autorité, jalousie inséparable de la
tendance vers l'égalité absolue. Un sentiment de cette
nature ne peut être satisfait autrement que par une
Constitution qui donne aux magistrats une autorité
empruntée et passagère et qui permette à tous les
citoyens d'espérer qu'un jour ils pourront eux-mêmes
occuper la place de ces magistrats. Et c'est ce sentiment que les rédacteurs de beaucoup de cahiers et les

[1] *De la Législation*, p. 52.

auteurs de la Constitution de 1791 alliaient de bonne foi avec les restes de la tradition monarchique.

Nous venons d'exposer les idées de Mably sur le pouvoir exécutif; il nous reste à répondre à la question de savoir à qui dans son plan devait donc appartenir la puissance législatrice. — La réponse que donne la théorie de Mably est nette et simple : « Le peuple, dit-il, dans son *Traité de la Législation*, n'aura de confiance en ses lois qu'autant qu'il sera lui-même son propre législateur. » — « Il est ridicule, affirme-t-il dans un autre ouvrage [1], de s'attendre dans une monarchie ou dans un gouvernement aristocratique à des lois justes et raisonnables. Comment un monarque ou des patriciens dédaigneux jouiraient-ils de la puissance législative, sans que leurs passions plus aveugles et plus emportées que celles des autres hommes ne tournassent tout à leur avantage particulier ? Mais dès qu'un peuple, au contraire, se sera réservé la puissance législative, soyez sûr qu'il aura bientôt les lois les plus sages et les plus salutaires. »

Examinons maintenant de quelle manière le peuple, selon la théorie de Mably, doit exercer sa puissance législative. Mercier de la Rivière, en défendant le despotisme *légal*, avait fait une vive polémique contre la théorie du *Contrat social* qui déclare « que le pouvoir législatif ne devait être exercé que par la nation en corps. »

Dans ses *Doutes* sur l'ouvrage de l'écrivain physio-

---

[1] *Droits et Devoirs du citoyen,* p. 345.

crate, Mably réfute, avec son aigreur habituelle, les arguments du dernier. Mercier de la Rivière affirmait que le *penchant naturel* des hommes à l'injustice et à la tyrannie ne leur permettait pas d'être législateurs; que si l'on consultait chacun en particulier, on trouverait en général que les hommes voudraient tous avoir des droits et point de devoirs, recevoir beaucoup et ne donner rien. Mably répond que les hommes ne sont tels que dans une société corrompue par la fausse politique du gouvernement; que la nature n'était pas la marâtre du genre humain et qu'elle avait mis dans notre âme des qualités sociales; que si chaque homme en particulier ne pouvait être législateur, il ne devait être question ni de despotisme légal, ni d'aucune autre forme de gouvernement.

« Si les hommes, continue-t-il [1], n'avaient eu que des passions, ils auraient nécessairement vécu comme les brutes, sans société; si, exempts des passions, ils n'eussent eu qu'un penchant naturel à l'ordre et à la justice, ils n'auraient point eu besoin de lois, ni de magistrats parce qu'ils auraient fait le bien sans effort. C'est parce que la nature leur a donné, avec des passions, l'amour de la justice et de l'intelligence, que les lois leur sont nécessaires, et qu'ils sont capables d'en faire. »

S'appuyant sur l'histoire, Mably montre que la naissance des sociétés même prouve que les hommes ont été capables d'être législateurs, et que les tradi-

[1] *Doutes sur l'Ordre naturel*, p. 159.

tions les plus anciennes ne permettent pas de penser que les hommes aient commencé par établir le despotisme légal. Il n'admet pas qu'on lui oppose l'*ignorance* du peuple, qui, répond-il, n'est ignorant que parce que son avilissement l'a abruti et qu'on ne l'éclairera qu'en le retirant de son avilissement. Mercier de la Rivière avait objecté qu'en exerçant la puissance législative, ceux qui composent la multitude se trouveraient *juges* et *parties;* Mably, pour toute réponse, pose la question suivante : Mais qui donc peut mieux juger que le corps même de la nation de ce qui lui convient ? Enfin, Mercier de la Rivière faisait valoir que l'opposition d'intérêts qui divise les différents ordres de l'État les mettrait dans la nécessité de recourir à la force pour les faire valoir. Mably se moquait de ses *terreurs paniques* et lui répondait que les hommes, doués d'intelligence et naturellement timides à l'approche du danger, n'étaient point aussi empressés de s'égorger qu'on voudrait nous le persuader. Il défie son adversaire « de lui citer un seul exemple où la liberté des assemblées nationales ait allumé la guerre civile ». En même temps il prétend que c'est précisément parce que les différents ordres qui composent la nation ont des intérêts opposés qu'il faudrait les rapprocher pour leur donner un intérêt commun et les aider à se mettre d'accord.

Si, dans cette polémique contre les adversaires du principe que le droit de législation doit appartenir au corps de la nation, Mably s'efforce de dissiper les craintes qu'un pareil système de législation pourrait donner lieu à une révolution et à la guerre civile, il prêchait lui-même ouvertement la révolution dans un ouvrage antérieur, qu'il n'osait publier. C'est dans son *Traité sur les Droits et les Devoirs du citoyen* que Mably pose ce principe : que chaque citoyen doit ne pas obéir à une loi injuste et qu'il a donc le droit d'examiner les lois. Cherchant à prouver ce principe, il divise les lois en différentes classes. Les lois *naturelles* occupent le premier rang dans cette classification; selon Mably, elles sont si simples, si claires, si lumineuses qu'il suffit de les présenter aux hommes pour qu'ils y acquiescent, à moins qu'ils ne soient troublés par quelque passion; plus on approfondira, dit-il, ces lois primitives de la nature, plus l'esprit se répandra dans les lois politiques. Quant à celles-ci, Mably forme une première classe de celles qu'il appelle les *lois fondamentales* ou *constitutives* du gouvernement de chaque État; ici, suivant lui, le plus simple bon sens suffit pour voir si les lois sont libres ou esclaves de l'autorité; si un gouvernement tend au bien général ou si le corps de la société est sacrifié à quelqu'un de ses membres. « Si on a établi un gouvernement vicieux ou qu'il ait dégénéré de son institution, » chaque citoyen a le devoir de lui désobéir. Quant aux lois particulières, qui découlent des lois fondamentales et que les jurisconsultes divisent en économiques, criminelles, civiles etc., Mably voudrait, avec Platon, que le citoyen ne prétendît pas être plus sage que la loi en refusant d'obéir à ce qu'il croit injuste. Mais cette restriction faite par Mably ne se rapporte « qu'aux régions heu-

reuses où les lois, ouvrage d'un peuple libre, sont
méditées, faites et publiées avec ces formalités et cette
lenteur sage et réfléchie qui leur donne de la majesté
et de la force. » — «.Mais puisque ces heureuses républiques sont rares dans le monde ; puisque les hommes,
toujours portés à la tyrannie ou à la servitude par leurs
passions, sont assez méchants ou assez sots pour faire
des lois injustes et absurdes, quel autre remède peut-on
appliquer à ce mal, que la désobéissance ? Il en naîtra
quelques troubles, mais pourquoi en être effrayé ? Ce
trouble est lui-même une preuve qu'on aime l'ordre et
qu'on veut le rétablir [1]. »

Ainsi Mably revendique en général pour tous les
citoyens le droit d'examiner les lois et de désobéir à
celles qui sont injustes, et il exige que le droit de législation appartienne exclusivement au corps de la nation.
Mais qu'entend-t-il par là et comment veut-il que la
nation se donne des lois? Là est le point essentiel dans
son système politique ; c'est ce qui le distingue profondément de Rousseau et qui fait de lui le vrai théoricien
de la démocratie française. On sait que le *Contrat
social* revendiquait le droit de législation immédiatement pour le peuple et qu'il condamnait tout système
de représentation politique comme une aliénation des
droits naturels de l'homme et comme une nouvelle
espèce d'esclavage. Mably, au contraire, répudie la
démocratie *légiférante*, et la législation par les représentants du peuple est pour lui le fondement de la liberté

------

[1] *Droits et Devoirs du citoyen*, p. 340.

politique et de tout développement progressif dans le sens de la raison et de la justice. En formulant, dans son *Traité de Législation*, le principe que le peuple doit être son propre législateur, Mably se hâte d'ajouter : «Ne craignez pas cependant que je confie la puissance législative à la multitude. Quand le peuple fait ses lois il ne manque jamais de les mépriser ; parce que c'est l'intrigue, l'engouement, la précipitation, la cabale ou l'esprit de parti qui les a publiées. C'est donc aux hommes que chaque ordre a choisis pour le représenter que cette autorité suprême doit être confiée [1]. »

A ce système de gouvernement, où la puissance législative appartient à une assemblée de représentants, Mably oppose ce qu'il appelle la *pure démocratie*, qu'il juge dans tous ses écrits non moins sévèrement que le despotisme et le gouvernement aristocratique. « Dans la démocratie, dit-il, la place publique voit porter des décrets aussi injustes et aussi absurdes que ceux du divan. » — « Aussi n'est-ce pas dans un tel gouvernement, que le citoyen doit obéir aux lois. Dans une pure démocratie, dit-il, où tout citoyen peut proposer ses rêveries pour en faire des lois, où l'on n'a pris aucune précaution raisonnable pour déconcerter les complots des mal-intentionnés, pour prévoir l'engouement et amortir les passions toujours impétueuses de la multitude, il est évident que tout se décide par vertige : dois-je alors humilier mon sens commun jusqu'au point de le soumettre aveuglément aux décrets d'une assemblée qui

[1] *De la Législation*, p. 244.

n'est qu'une cohue [1] ? » Dans le traité de l'*Etude de l'Histoire*, Mably poursuit avec plus de détails le parallèle entre la démocratie et les autres formes de gouvernement et il la caractérise dans une page éloquente, qui mérite bien d'être sauvée de l'oubli. « Dans la démocratie, le citoyen, toujours disposé à confondre la licence et la liberté, craint de s'imposer un joug trop dur par ses propres lois, et ne regarde ses magistrats que comme les ministres de ses passions. Le peuple sait qu'il est véritablement souverain, et il aura des complaisants, des flatteurs, et, par conséquent, tous les préjugés et tous les vices d'un despote. Dans le despotisme et l'aristocratie, on manque de mouvement, dans la démocratie, il est continuel, il devient souvent convulsif. Elle offre des citoyens prêts à se dévouer au bien public, elle donne à l'âme les ressorts qui produisent l'héroïsme ; mais, faute de règles et de lumières, ces ressorts ne sont mis en mouvement que par les préjugés et les passions. Ne demandez point à ce peuple-prince d'avoir un caractère, il ne sera que volage et inconsidéré. Il n'est jamais heureux, parce qu'il est toujours dans un excès. Sa liberté ne peut se soutenir que par des révolutions continuelles. Tous les établissements, toutes les lois qu'il imagine pour la conserver sont autant de fautes par lesquelles il répare d'autres fautes, et par là il est toujours exposé à devenir la dupe d'un tyran adroit ou à succomber sous l'autorité d'un Sénat qui établira l'aristocratie [2]. »

[1] *Droits et Devoirs du citoyen,* p. 347. 338.
[2] De "Etude de l'Histoire, p. 81.

Mais c'est surtout dans le traité posthume *Du Cours et de la Marche des Passions de la société* que Mably signale avec plus de force les dangers auxquels s'expose la démocratie. Il invoque le témoignage de l'histoire pour prouver que, dans une démocratie, le peuple a des passions trop vives et trop impétueuses. Cela doit être, dit-il, parce que, fier de sa souveraineté, il sait très bien qu'il est le maître des lois et des délibérations dont les magistrats ne sont que les ministres ou les officiers. Son orgueil, accompagné d'une ignorance et d'une présomption dont la multitude est incapable de se douter, ne met aucune borne à son despotisme, ni aux craintes, ni aux espérances qui l'agitent tour à tour et lui persuadent sans cesse qu'elle a toujours raison [1].

Dans un pareil gouvernement, on est beaucoup plus sujet que dans tout autre à obéir aux événements qui sont l'ouvrage de la fortune. Pourquoi ? — C'est que le peuple, incapable de penser, et encore plus de combiner entre elles différentes idées, toujours timide ou téméraire, mal à propos, s'abandonne dans les malheurs ou dans la prospérité, tantôt à un homme audacieux qui manque de lumières, tantôt à un citoyen timide dont l'incertitude et l'irrésolution imitent la prudence, et souvent à un intrigant ambitieux qui veut profiter des vices du gouvernement pour établir son crédit et sa fortune.

Un pareil gouvernement se détruirait de lui-même en peu de temps, si l'esprit d'anarchie qui y domine, ou du moins y fermente en secret, ne rendait toutes les

[1] *Du Cours et de la Marche des Passions*, p. 224 sq.

passions assez mobiles, assez volages, assez capri-
cieuses, pour qu'aucune n'eût le temps de consommer
les projets et les sottises qu'elle prépare ; de sorte qu'en
se succédant brusquement et tour à tour, elles réparent
quelquefois, ou du moins diminuent mutuellement leurs
torts.

On peut expliquer par deux raisons la prévention de
Mably contre la démocratie législatrice : son expérience
tirée de l'histoire des démocraties anciennes, et ses considérations psychologiques sur la nature des hommes
en société. Ses connaissances dans l'histoire ancienne
et dans la littérature classique étaient bien plus profondes,
sans doute, que celles de beaucoup d'autres publicistes du
xviiie siècle ; si l'on rencontre chez lui des idées fausses sur
le gouvernement de Sparte, les lois de Lycurgue, le rôle
politique de Périclès et des Gracques, etc., néanmoins il
faut lui rendre la justice qu'il connaissait très bien, et
appréciait avec une grande finesse le gouvernement et les
mœurs politiques d'Athènes. Les *Entretiens de Phocion*, le
grand patriote sacrifié si injustement par l'inconstance
et les passions de la multitude, nous offrent une critique
sévère de cette démocratie athénienne, « qui ne laissait
aux magistrats qu'un vain nom et un pouvoir inutile, »
et qui « allait gaiement au spectacle, tandis que
Philippe s'avançait à ses portes. » On juge par là à
quel point était injuste la boutade de Rousseau, qui ne
voulait voir dans les *Entretiens de Phocion* qu'une
compilation éhontée de ses œuvres, tandis que c'est
précisément cet ouvrage qui, publié immédiatement
après le *Contrat social*, nous présente le contraste

frappant entre les deux théoriciens de la démocratie naissante. Le traité de Rousseau est l'apologie de la législation fondée sur l'expression immédiate de la volonté générale et la négation du gouvernement parlementaire ; l'écrit de Mably contient la critique la plus amère du *gouvernement populaire* et de la *démocratie pure*.

Mably fait dire à Phocion que la politique ne doit admettre au gouvernement de l'État que des hommes qui possèdent un héritage ; eux seuls ont une patrie. Mably est de cet avis et ajoute qu'il est assez vraisemblable qu'on ne peut s'écarter dans la pratique de ce principe sans s'exposer à de grands inconvénients. On sait que telle était l'idée des physiocrates, et que c'est sur ce principe que Turgot voulait fonder son système de municipalités, couronné par la *grande municipalité* ou la *municipalité royale*.

Cependant chez Mably cette opinion ne se fondait pas sur l'*ordre naturel* des physiocrates, mais sur le préjugé des anciens, qu'il acceptait entièrement, que les occupations des artisans avilissaient l'âme. De ce point de vue, le Phocion de Mably se plaint qu'à Athènes « tous sont devenus des mercenaires, teinturiers, cordonniers, maçons, marchands, maréchaux, revendeurs ; voilà ce qui forme le fond de nos assemblées dans la place publique ». Mably explique et approuve ce jugement de Phocion, qui voulait, dit-il, que ceux qui ne peuvent avoir des sentiments de citoyens, n'eussent, comme les esclaves, aucune part à l'administration publique ; et il avait raison. Mably attribue le déclin

de la constitution d'Athènes à la prépondérance des
artisans dans l'assemblée de la nation : « *La république, gouvernée par les ouvriers,* prit le génie qu'elle
devait naturellement prendre. » L'intérêt particulier
décida toujours de l'intérêt public. « Tour à tour
extrêmes dans toutes nos passions, timides le matin,
téméraires le soir, lâches et emportés à la fois, dit
Phocion, nous ne connûmes jamais nos forces, notre
faiblesse ni nos ressources ; jamais nous ne sûmes agir
à propos ; jamais nous ne sûmes prévoir les dangers ni
les prévenir. Qu'avons-nous à nous plaindre de la
fortune ? Devait-elle faire des miracles pour rendre
juste, prudente et magnanime une assemblée d'artisans ? Que le législateur se garde donc de leur
confier le dépôt ou l'administration de la souveraineté ! »

Il est intéressant de voir la façon qu'emploie le théoricien de l'égalité parfaite pour excuser l'obligation
où il se trouve de condamner en pratique son principe
favori : « Je connais trop l'égalité des hommes et les
droits de l'humanité, fait-il dire au patriote athénien,
mais je consulte le bonheur de la république. Pleine
d'humanité à l'égard des artisans, que la république,
qui ne peut s'en passer, les gouverne sans les mépriser.
Le magistrat doit avoir soin que le travail fournisse aux
artisans une subsistance facile et abondante, ou bien
ils deviendront les ennemis de la république et on aura
à se reprocher la moitié de leurs crimes et le châtiment
même dont on les punira ; mais il importe à la multitude même, que son travail et ses occupations avilissent

et retiennent dans l'ignorance, de ne pas s'emparer du gouvernement [1]. »

Il semble que l'esprit qui, dans les *Entretiens de Phocion*, guidait Mably le mettait dans la nécessité de trop se conformer aux sentiments « des grands hommes » d'Athènes qui tous, excepté Aristide, favorisaient l'aristocratie. Mais nous retrouvons le même jugement sur l'incapacité politique des masses, formulé même d'une façon plus générale et avec un pessimisme plus acerbe, dans son ouvrage sur le *Cours et la Marche des Passions*, dans lequel il fait intervenir des raisons psychologiques.

Analysant les rapports entre la raison et les passions, Mably distingue *trois dispositions* de l'âme correspondant aux différents degrés de la domination de la raison. Et comme elles « forment séparément le fond durable et constant de presque tous ces hommes qui couvrent la terre », il les distribue en trois classes.

« La première est bien peu nombreuse. Ce sont des philosophes épars çà et là dans la vaste étendue des nations et des siècles, et que la nature prépare pour les éclairer. N'ayant que des passions tempérées, qui ne peuvent égarer leur entendement, ils jouissent constamment de tous les avantages de leur raison. Tous les objets qui frappent leurs sens deviennent autant de sujets de méditation, et la vérité, qui de jour en jour leur devient plus chère, les éloigne de jour en jour davantage des erreurs dont ils sont les témoins. C'est à

[1] *Entretiens de Phocion*, p. 107.

ces hommes que le genre humain doit toutes ses lumières, ses connaissances et ses vertus. Si cette heureuse organisation de leur cœur et de leur cerveau eût été commune à tous les hommes, cet âge d'or, imaginé par les poëtes, ne serait point un vain songe. On n'aurait eu besoin ni de lois ni de politique, et chaque homme, se soumettant avec plaisir aux règles de la nature et de la justice, et conduit par le charme de la vérité, aurait été pour lui un magistrat incorruptible. Par malheur la seconde classe des hommes, nés avec une intelligence supérieure, mais que des passions trop impérieuses ont corrompue, est incomparablement plus nombreuse que la première ; ils auraient pu être des sages ; mais, trompés par les apparences d'un bonheur qui leur paraissait le souverain bien, leur raison a dès lors été incapable d'hésiter, de douter et de chercher la vérité ; et ses lumières n'ont servi qu'à rendre plus funestes les passions qu'elles servent. Tels ont été tant d'hommes fameux, qui ont abusé de leur génie pour satisfaire la dépravation de leur cœur. Loin de se regarder comme les instruments destinés par la Providence à rendre les hommes heureux par la pratique des devoirs de l'humanité, ils les ont séduits par le faux éclat de leurs talents. Ils ont communiqué leurs passions brutales à cette dernière classe du genre humain, qui, étant incapable de discerner la vérité et l'erreur, obéira au plus absurde préjugé, pourvu qu'il réveille en elle quelque crainte ou quelque espérance nouvelle. »

« Cette dernière classe, la plus nombreuse sans doute, est celle des citoyens incapables d'élever leurs pensées au-dessus de leur sens, de voir et de pressentir la suite des événements, et qui n'ont que les passions qu'on a l'art de leur inspirer par une sorte d'enthousiasme. Si le caractère de la république est, pour ainsi dire, composé de deux génies qui se contrarient, jamais cette multitude ne s'élèvera à celui qui est le plus noble et le plus généreux. Le plus lâche parti, comme plus familier et plus analogue à sa manière journalière de voir et de sentir, lui paraîtra nécessairement le plus sage. Supposez, au contraire, que le génie national n'obéisse qu'à une passion dominante ; dès lors vous verrez que la populace, n'étant point distraite, tiraillée et partagée par différents objets, ne verra que ce que le gouvernement voudra qu'elle voie ; et, si je puis me servir de cette expression ridicule, sa routine et son ignorance en feront des héros mécaniques [1]. »

Dans un autre endroit de son ouvrage, Mably accepte avec résignation cette incapacité politique de la multitude et la considère même comme un certain bien ; elle permet, dit-il, à une espèce de raison publique « qui passe des pères dans l'esprit tendre des enfants » de s'établir dans l'État *par routine*, et elle sert d'obstacle aux projets et aux passions des ambitieux.

« Admirez avec moi, dit Mably, l'Auteur de la nature, qui semble avoir destiné, ou plutôt qui a réellement destiné cette lie de l'humanité à ne servir, si je puis parler ainsi, que de lest au vaisseau de la société. Par la pesanteur d'âme qui l'empêche de penser, et cette immo-

(1) *Du Cours et de la Marche des Passions*, p. 178, 217.

bilité qui en est le fruit, elle est propre à résister aux accidents extraordinaires et imprévus qui pourraient troubler l'ordre reçu et déranger l'habitude des mœurs publiques. Sans cette lourdeur fort commune de l'esprit humain, quelles tempêtes n'exciteraient pas dans la société les passions impérieuses des citoyens nés avec des talents et du génie, mais trop souvent portés à profiter des moindres vices du gouvernement pour ébranler son autorité, éluder la force des lois et sacrifier la république à leur fortune particulière [1]. »

Nous avons cru nécessaire de citer en détail ce jugement de Mably sur le rôle politique des masses pour mieux démontrer la différence essentielle qui existe entre son idéal politique et celui de Rousseau. Autant l'un méprisait comme illégitime toute Constitution dans laquelle la législation n'appartenait pas immédiatement et exclusivement à la généralité des citoyens, autant l'autre condamnait la démocratie pure. Si Rousseau voulait régénérer l'Europe par le retour aux principes de l'antiquité classique qui ne connaissait que des citoyens-législateurs en personne, Mably prétendait que, si dans les républiques anciennes, au lieu d'assembler tous les citoyens sur la place publique, le peuple n'eût eu dans ses comices qu'un certain nombre de représentants, peut-être aurait-on alors reproché à la démocratie moins de ces vices qui l'ont si souvent perdue [2]. Comme on le voit, l'idéal politique de Mably tenait pour ainsi dire le milieu entre la monarchie cons-

[1] *Du Cours et de la Marche des Passions*, p. 167.
[2] *De la Législation*, p. 240.

titutionnelle de Montesquieu et la démocratie législatrice de Rousseau. Il condamnait le système d'équilibre entre le pouvoir royal et le Corps législatif et toutes ces garanties que Montesquieu considérait comme bases de son équilibre, le droit de veto et la Chambre héréditaire; tout au contraire Mably insistait sur la séparation entière des pouvoirs et la subordination de l'exécutive au corps législateur; de l'autre côté, il ne voyait dans la démocratie absolue qu'une forme primitive, impraticable et dangereuse, surtout dans les grands États. La crainte des passions était surtout la raison principale qui le faisait condamner les deux systèmes opposés. Il craignait l'ambition et l'usurpation des magistrats et des administrateurs, — ces ennemis éternels du Corps législatif, — et aussi les passions brutales d'une multitude ignorante. Mais, dans son système à lui, dans ce corps de législateurs tout-puissants et sans entraves, les passions n'étaient-elles pas à craindre? Mably prévoyait l'objection et il lui consacra un chapitre spécial dans son *Traité de la législation.* Pour prévenir tout abus de ce côté, il demande que « l'auguste assemblée » soit soumise à de certaines formalités qui répondraient en quelque sorte de la sagesse avec laquelle elle procédera dans ses opérations. « Que rien, dit-il, ne puisse se décider par acclamation. Que le projet d'une loi nouvelle ou d'une loi qu'on veut corriger soit remis à un comité chargé d'en faire l'examen. Huit jours après que les commissaires auront fait leur rapport, il sera permis à chaque membre de l'assemblée de parler pour ou contre la loi; on laissera encore passer huit jours avant que d'aller aux opinions. Là puissance législative ne saurait trop réfléchir, et, si je puis parler ainsi, se replier sur elle-même. Alors on recueillera les suffrages de la manière la plus propre à entretenir l'ordre et prévenir la confusion [1]. »

Dans la pensée de Mably, ces précautions avaient pour but d'empêcher l'Assemblée législative de se livrer à l'engouement et à l'enthousiasme; mais, d'un autre côté, il conseille de ne pas lasser et fatiguer le sesprits dans les Assemblées législatives. Il loue la loi polonaise qui défend de délibérer aux lumières et blâme le Parlement anglais dont les séances se prolongent quelquefois jusqu'à deux ou trois heures du matin. Il craint que dans ces séances si longues la raison n'accorde par lassitude tout ce que l'opiniâtreté demande. Il exige que chaque député ait le droit de proposer à son gré une loi nouvelle ou la réforme d'une ancienne pour que la puissance législative ne soit exposée aux plaintes d'une partie de l'État : S'il faut, dit-il, des formalités pour obtenir cette permission, vous ouvrez la porte à l'intrigue, et l'intrigue ne fera jamais que des lois injustes.

Mably demande enfin des mandats impératifs. « Un député, dit-il, qui ne dépend point de ses commettants peut croire qu'il a une autorité qui lui est propre, et trahir leurs intérêts. Qu'il ne puisse donc faire quelque demande qu'autant qu'il y sera autorisé par ses instructions. Cette méthode liera plus étroitement les citoyens

---

[1] *De la Législation*, p. 245, sq.

à la puissance législative, elle attachera les représentants à leurs devoirs, la confiance naîtra, et les lois seront plus respectées. »

Ces précautions que Mably croyait suffisantes pour que le Corps législatif n'abusât point de son autorité, montrent bien le côté faible de ce système. A peine dix ans s'étaient-ils écoulés que les grandes Assemblées nationales, dans lesquelles prirent place tant d'admirateurs de Mably, prouvèrent l'insuffisance de pareilles mesures contre les passions des législateurs, et plus encore contre les dangers que présentent les passions de la multitude quand le pouvoir exécutif est trop affaibli et trop séparé de la puissance législative. Lui-même, du reste, fournit à ses lecteurs des doutes bien fondés sur l'infaillibilité du système politique qu'il proposait aux lieu et place de la monarchie constitutionnelle de Montesquieu et de la démocratie immédiate de Rousseau. Dans sa polémique contre Mercier de la Rivière, il cherche à prouver qu'il n'existe pas de gouvernement qui puisse résister aux passions des hommes et assurer la prépondérance de l'intérêt général sur l'intérêt privé. L'écrivain physiocrate prétendait « que l'homme était toujours obligé de céder à l'évidence connue du bien public », et il tirait de là la conclusion que le despotisme guidé par l'évidence de la doctrine physiocrate n'abuserait jamais de sa puissance législative. A cela Mably répondait « que ce raisonnement serait fort bon » dans son système de la communauté des biens et de l'égalité des conditions, parce que tous les citoyens n'auraient alors qu'un seul intérêt et que ce serait le bien public, auquel le bien particulier ne ferait jamais obstacle. Mais dans le système social actuel chaque citoyen est partagé entre deux intérêts : l'avantage général de la société et le sien en particulier.

« Dans le conflit de ces intérêts opposés, le citoyen perdra souvent de vue le bien général pour ne s'occuper que de son bien particulier, et, par une conséquence nécessaire, la loi qui le favorisera aux dépens de la société lui paraîtra la plus juste et la plus sage, ou du moins il l'aimera autant que si la justice la plus exacte l'avait dictée. »

« C'est cet intérêt particulier, toujours ou presque toujours opposé à l'intérêt général, qui a détourné presque continuellement la puissance législative de la fin qu'elle devait se proposer et pour laquelle elle a été établie : voilà la véritable source de toutes ces lois grossières, barbares et odieuses qui ont désolé, qui désolent et qui désoleront encore la terre [1]. »

Après ces réflexions, Mably conclut ainsi : «Je vois évidemment que le seul moyen infaillible d'empêcher que la puissance législative ne s'écarte des règles qui lui sont prescrites, c'est d'établir la communauté des biens et l'égalité des conditions, parce qu'il n'y a que ce seul arrangement qui puisse détruire ces intérêts particuliers qui triompheront toujours de l'intérêt général. »

Nous voilà donc revenus au point dominant de la doctrine de Mably, la communauté des biens 1. Ce n'est

---

[1] *Doutes sur l'Ordre naturel*, p. 151.

que sur ce fondement qu'on peut établir un gouvernement parfait! Ainsi l'utopiste détruit lui-même l'écha-
faudage savant de sa théorie politique. A quoi servent
tous ces raisonnements subtils sur la séparation des
pouvoirs si, sans la communauté des biens, la meilleure Constitution ne peut pas assurer dans la législation le triomphe du bien général sur l'intérêt privé!
Mais, d'un autre côté, le système politique tracé par
Mably prouve très bien l'inanité de ses rêves utopistes.
La communauté des biens est, selon lui, impossible dans
l'état actuel des choses, sous la domination des passions,
Il faut auparavant affaiblir et déraciner ces passions
surtout l'ambition et l'avarice. Il faut que le législateur
amène la société insensiblement par une sage politique
à « ne chercher le bonheur que là où la nature l'a
placé ».

Mais qui sera donc ce législateur capable de mener à
bonne fin la tâche sublime? — Ce ne sera ni le despote *légal* avec son intérêt opposé aux intérêts de la
société, ni la démocratie pure, toujours dupe de ses passions! Mais ce ne sera pas non plus, comme Mably
vient de le dire, ce Corps législatif formé des représentants de la nation avec leurs instructions impératives,
puisqu'ils ne seront qu'un instrument aveugle des passions de leurs électeurs.

La doctrine de Mably ne présente donc ainsi qu'un
paralogisme, et ses idées *tournent dans un cercle
vicieux*. Pour fonder la vraie morale sociale, la communauté des biens lui est nécessaire; mais pour y
arriver il lui faut un gouvernement parfait, exempt de

passions et guidé par la vraie morale, ce qui n'est possible que dans la communauté des biens. Il est bien évident que Mably ne pouvait pas ne pas avoir conscience de ce côté faible de sa doctrine, et l'on peut expliquer par là ses contradictions sur les forces et la valeur des passions, un certain découragement et ce pessimisme amer dont son dernier ouvrage sur le *Cours et la Marche des Passions* est empreint. Il y a une différence essentielle entre le ton âpre, dédaigneux et doctrinaire avec lequel il défend son utopie dans la polémique contre les physiocrates et le ton résigné avec lequel il se plaint souvent dans l'ouvrage de sa vieillesse des difficultés que présente le combat éternel avec les passions, et du sort malheureux qui attend les nations qui se laissent vaincre par elles. Ces pages fournissent une excellente critique de ses paradoxes socialistes.

Dans cet ouvrage sur les passions, Mably, s'adressant à son pupille, fait tous ses efforts pour lui enlever l'illusion qu'un législateur puisse donner à une nation un bonheur constant et sans mélange : « Qu'il paraisse, s'écrie-t-il, un nouveau Lycurgue dans le monde! Pensez-vous qu'à sa voix tous les citoyens deviendront des hommes nouveaux, que leur esprit ne conservera aucun préjugé ancien, et que le germe du vice sera étouffé pour toujours dans leur cœur? — Vaine espérance! Les lois peuvent donner aux passions une impulsion générale qui nous porte au bien, et nous rende méprisable tout ce qui peut nous en écarter; elles peuvent partager la puissance publique avec la plus exacte impartialité; mais imprimeront-elles le même caractère à tous les esprits ? Avec les meilleures intentions du monde et un amour égal pour la patrie, tous les magistrats, en se succédant, auront-ils la même étendue de génie, et, par conséquent, la même manière de voir les objets ? en tireront-ils les mêmes conséquences? auront-ils la même promptitude dans [l'action, le même courage et la même constance dans l'exécution [1] ? »

Dans un autre endroit il se plaint que les lois ont beau être l'ouvrage de la sagesse la plus profonde, jamais elles ne détruiront dans le cœur humain un venin secret qui cherche continuellement à se développer. Et là-dessus il se livre à de longues considérations sur le sort des nations destinées par la nature, « qui veille à la conservation du genre humain », à la mort et à la succession, comme les individus. Les passions font le désespoir de notre philosophe ; il ne cesse de parler de leur force et des *artifices* qui leur assurent le succès définitif; il les compare à des Parthes qui fuient quelquefois, mais en combattant et pour revenir. Il consacre tout le dernier livre de son ouvrage à un raisonnement sur les passions *molles* et *lâches* qui combattent les passions *nobles* et *généreuses*, et il prouve que les premières doivent enfin remporter la victoire sur les secondes. Quand cela arrivera, les lois affaiblies ne pourront plus gouverner, et les passions, qui ne seront plus dirigées vers le bien public, se tourneront nécessairement vers le bien particulier de chaque individu.

[1] *Du Cours et de la Marche des Passions*, p. 252.

En effet, après toutes ces réflexions pessimistes il ne peut rester au lecteur que peu de confiance dans le programme projeté par Mably dans son *Traité de la Législation*, qui devait servir au législateur pour préparer les citoyens d'un état corrompu à se rapprocher des vues de la nature.

Parmi ces réflexions, une entre autres attire surtout toute notre attention parce qu'elle touche le fond même de la morale. Après avoir montré que « dans le cœur de l'homme il se livrait toujours un combat entre des sentiments divers, et après avoir dit que la société, qui n'est qu'un grand assemblage d'hommes, est donc exposée aux mêmes contradictions et aux mêmes combats que chacun de nous, » Mably conclut : « Mais il s'en faut beaucoup que la politique puisse lui prêter les mêmes secours pour se préserver des vices que la morale offre à chaque homme en particulier pour l'attacher à ses devoirs et lui rendre agréable la pratique des vertus les plus difficiles. »

Pour expliquer cette pensée, Mably établit très bien la différence entre la vie d'un homme qui étudie les lois de la morale et qui ne cherche que le bonheur que la nature lui destine, et celle d'une république gouvernée même par les lois les plus sages. Le philosophe connaît ses forces ou plutôt sa faiblesse : il se précautionne continuellement contre lui-même ; il ne se perd jamais de vue ; il travaille continuellement à perfectionner chacune de ses facultés, et sa raison s'encourage et se fortifie par l'expérience. Mais croyez-vous, demande Mably, que la politique, quelque parfaite qu'elle soit, puisse prendre sur tous les citoyens le même empire que la morale peut donner à un homme?

« La morale invite un philosophe à éviter les tentalions qui, en donnant plus de pouvoir aux passions de nos sens, détruisent nécessairement les grandes vertus. Mais la politique en conduisant les citoyens par une route semée de précipices et présentant de tous côtés des plaisirs trompeurs et des fantômes, — comment se trouverait-elle en état de découvrir son erreur, de s'arrêter sur le penchant glissant d'un précipice et d'élever les hommes aux anciennes vertus? — N'attendons point ce miracle des hommes. »

Tous ces aveux nous paraissent très précieux. Nous voyons un partisan de la morale basée sur l'intérêt naturel, un écrivain, — qui faisait dépendre de la politique et de la législation le perfectionnement moral de la société, — arriver enfin à la conclusion que la politique est incapable de suppléer à la morale, et que ce n'est qu'en attachant l'homme particulier à ses devoirs que la morale peut porter secours à la société. Cela veut dire que la morale doit être basée sur l'idée du *devoir* et qu'elle n'a que faire de ce paradoxe d'après lequel l'intérêt particulier coïncide avec l'intérêt général dans une société bien organisée.

Mais quoi qu'il en soit de ces aveux tardifs et pour ainsi dire involontaires, Mably n'en reste pas moins le représentant d'une doctrine très répandue au siècle passé, qui renfermait une grave erreur: la foi dans la toute-puissance de la politique et de la législation pour réaliser le bonheur général et reconstruiré la société d'après les inténtions de la nature et les exigences de la pure raison. On peut s'expliquer facilement cette erreur dans une société qui avait besoin de réformes radicales et qui supportait avec impatience un long temps d'arrêt dans la législation du pays. L'inexpérience politique d'une société depuis longtemps administrée par un pouvoir sans contrôle, des illusions généreuses sur la valeur et la puissance des idées abstraites et un optimisme sentimental à l'égard de l'homme en général, — tout cela devait augmenter la confiance dans la possibilité de renouveler la société et l'homme au moyen de la législation.

Les croyances ont eu une grande part dans les événements qui se produisirent en France à la fin du XVIII° siècle. Elles ont beaucoup contribué à l'indisposition des esprits contre toute réforme partielle et modérée, ainsi qu'au désir d'écarter tout ce qui s'opposait à une rénovation totale de la société. Parmi tous ces législateurs qui apportèrent successivement à l'œuvre de la reconstruction sociale un concours mélangé d'efforts glorieux et de bien des mécomptes amers, nous en rencontrons quelques-uns dont les erreurs eurent les conséquences les plus funestes : ce sont ceux qui confondaient la politique avec la morale et qui, en organisant la société, voulaient encore la régénérer moralement ; ceux dont le programme peut être étudié et défini d'avance d'après les écrits de Mably. Dans les ouvrages du politique moraliste ces législateurs pouvaient trouver, longuement développée, l'idée que le bonheur général de la société ne peut être atteint avant que les vices ne fussent déracinés par la législation, avant que les vertus eussent écarté les passions viles, surtout l'avarice, avant que le législateur ne fût parvenu, par *une diminution graduelle* de besoins, à établir dans les mœurs cette frugalité austère, sans laquelle ne peuvent exister ni l'égalité parfaite ni la vertu civique.

C'est encore dans les écrits de Mably qu'ils trouvaient le principe selon lequel, pour arriver à rendre les hommes vertueux et la société heureuse, le législateur avait le droit de recourir « à la sainte violence qui arrache les citoyens par la force à leurs vices ».

L'histoire de la Terreur nous fait connaître le résultat auquel devait aboutir un semblable programme. Certes, jamais il n'y eut dans la société moins de paix et de bonheur que pendant cette tentative de fonder le bonheur général sur la raison abstraite et la morale civique ; jamais les « passions lâches » n'avaient été aussi déchaînées qu'au temps de ces déclamations contre les vices et les âmes corrompues, et jamais on n'a commis autant de crimes au nom de la vertu.

Nous n'avons pas à juger ici les faits et les hommes qui appartiennent à l'histoire de cette époque, ni à démêler ce qui a été fait sous la pression des circonstances, ni à distinguer les tyrans ambitieux des fanatiques sincères. — L'étude des ouvrages de Mably a cet avantage qu'elle nous fournit l'occasion de connaître la théorie abstraite et pure, en dehors de l'influence des faits et des hommes, avec ses erreurs capitales et toutes les conséquences logiques qui en découlent.

Il y a dans Mably une phrase qui jette une vive lumière sur cette aberration singulière de l'esprit humain. « Les vertus humaines ont leur délire », dit-il dans un de ses derniers ouvrages. On peut appliquer ces paroles à son utopie elle-même. Son rêve de fonder la morale par la législation, de même que son utopie communiste, est comme une excroissance malsaine dans ce grand et généreux mouvement des esprits au XVIIIe siècle vers la raison pure et le bonheur général de l'humanité.

TABLE DES MATIÈRES

PREMIÈRE PARTIE

DEUXIÈME PARTIE

IMPRIMERIE PAUL BOUSREZ, 5, RUE DE LUCÉ, A TOURS.

9 782019 995171